DE LA SOUVERAINETÉ

DU PEUPLE,

ET

DE L'EXCELLENCE

D'UN

ÉTAT LIBRE.

TOME PREMIER.

AF329496

DE LA SOUVERAINETÉ
DU PEUPLE,

ET

DE L'EXCELLENCE

D'UN

ÉTAT LIBRE.

Par MARCHAMONT NEEDHAM.

TRADUIT DE L'ANGLAIS,

Et enrichi de notes de J. J. ROUSSEAU, MABLY, BOSSUET, CONDILLAC, MONTESQUIEU, LETROSNE, RAYNAL, etc. etc. etc.

Par THÉOPHILE MANDAR.

Il faut saisir la circonstance de l'évènement présent, pour monter les ames au ton des ames antiques.
J. J. ROUSSEAU, *Gouv. de Pologne.*

TOME PREMIER.

A PARIS,

Chez LAVILLETTE, Libraire, hôtel Boutillier, rue des Poitevins.

1790.

BIBLIOTHÈQUE R.F. — ACQ. 45.194 — LACÉPOYÈRE

PRÉFACE
DU TRADUCTEUR.

CET ouvrage fut composé sous le protectorat de Cromwell, dont la sage administration et les qualités extraordinaires ont excité une admiration qui fit, pendant sa vie, oublier son forfait.

Les Anglais (1) ont été heureux de se défendre contre l'anarchie, à

____

(1) Ce fut un beau spectacle dans le siècle passé, de voir les efforts impuissans des Anglais, pour établir parmi eux la démocratie. Comme ceux qui avoient part aux affaires n'avoient point de vertu, que leur ambition étoit irritée par le succès de celui qui avoit le plus osé (Cromwell.), que l'esprit d'une faction n'étoit réprimée que par l'esprit d'une autre, le gouvernement changeoit sans cesse ; le peuple étonné cherchoit la démocratie, et ne la trouvoit nulle part. Après bien des mouvemens, des chocs et des secousses, il fallut se reposer sous le gouvernement même qu'on avoit proscrit. *Esp. des Loix*, liv. III, ch. III.

Tome I. a

l'ombre du trône qu'ils avoient renversé.

Les esprits avoient éprouvé trop d'agitation, pour pouvoir jouir sitôt de la paix et de la liberté : on vit, avec les idées nouvelles, l'homme se ressaisir de ses droits, si long-tems méconnus ; les moyens d'oppression devinrent plus difficiles, à mesure qu'ils parurent plus odieux. L'autorité des rois fut examinée ; et les peuples, plus instruits sur la nature de leurs droits, ne virent bientôt dans un roi qu'un être identique revêtu de leur majesté, dépositaire de leur puissance ; et enfin un agent nécessaire, pour ne faire qu'un seul tout des forces éparses d'un vaste empire.

Ils envisagèrent avec effroi ce colosse de puissance abusant de la souveraineté, pour opprimer les

gnes. Le peuple regarde la liberté comme la sève féconde de la félicité sur la terre (1).

« Les politiques, dit J. J. Rousseau, font sur l'amour de la liberté les mêmes sophismes que les philosophes ont faits sur l'état de nature; par les choses qu'ils voient, ils jugent des choses très-différentes qu'ils n'ont pas vues, et ils attribuent aux hommes un penchant naturel à la servitude, par la patience avec laquelle ceux qu'ils ont sous les yeux supportent la leur, sans songer *qu'il en est de la li-*

---

(1) Un gouvernement libre est pour les arts ce que la bonté du sol est pour des plants vigoureux. C'est ce qui fait que les nations libres les ont portés, en peu de tems, à un si haut point de perfection, tandis que les empires les plus vastes et les plus puissans, lorsqu'ils sont sous le joug du despotisme, ne produisent, après des siècles de loisir, que des essais informes et barbares. Shaftesbury.

a iij

berté comme de l'innocence et de la vertu, dont on ne sent le prix qu'autant qu'on en jouit soi-même, et dont le goût se perd si-tôt qu'on les a perdues. Je connois les délices de ton pays, dit Brasidas à un Satrape qui comparoit la vie de Sparte à celle de Persépolis ; mais tu ne peux connoître les plaisirs du mien »!

La liberté a servi de prétexte aux dissentions, aux guerres intestines, aux invasions, aux conquêtes, et à tous les crimes de la tyrannie, qui la tuent ; à la licence, qui la calomnie ; aux abus, aux excès, et à tous les maux enfin.

« Dieu, qui nous donna le désir et les moyens d'être heureux, plaça dans la tyrannie la source de tous les maux (1). Soutiendra-t-on que le

______

(1) Doctrine de Milton sur la Royauté.

droit de nous en défendre cesse devant ce mot, Roi »?

« On plaint le peuple qui, façonné à l'esclavage, n'aspire point à la liberté, qu'il ne connoît pas ; mais on méprise celui qui, après l'avoir possédée, cesse un instant de songer qu'il l'a perdue, ou de faire, du soin de la recouvrer, le premier de ses devoirs, l'objet continuel de ses méditations, le but unique de ses efforts. C'est aux nations libres à se sauver elles-mêmes ; c'est à elles que leurs ancêtres ont transmis cette obligation sacrée ; c'est pour elles, plus que pour eux, qu'ils ont abdiqué la paix et bravé la mort ».

Ainsi s'écrioit avec une louable indignation, le comte de Mira-beau, dans son éloquent ouvrage, intitulé : *Aux Bataves, sur le Sta-*

dhoudérat. « Et, continue-t-il, Peuples, ce qu'il y a de plus perfide et de plus redoutable sur la terre, ce ne sont point les atrocités publiques, mais les ruses de la tyrannie ! Posez des bornes au pouvoir, si vous ne voulez qu'il dégénère en tyrannie par la pente des choses et des hommes. Et si quelque citoyen extraordinaire vous rend d'importans services, si même il vous sauve de l'esclavage, respectez son caractère ; admirez, mais sur-tout craignez ses talens. Malheur .... malheur aux peuples reconnoissans ! Ils cèdent tous leurs droits à qui leur en a fait recouvrer un seul ; ils se forgent des fers ; ils corrompent, par une excessive confiance, jusqu'au grand homme qu'ils eussent honoré par leur ingratitude ».

PRÉFACE.

Pour conquérir la liberté, il faut la connoître, la rechercher, et l'aimer : heureux qui peut en connoître le prix ! il n'est connu que de ceux qui l'ont perdue, ou qui voient dans l'avenir les maux qui résultent de sa privation.

Il est impossible que les peuples restent long-tems dans l'anarchie ; cette sorte de gouvernement, s'il peut être ainsi appelé, est tellement contraire au bonheur de l'homme, et ses suites sont si funestes !.... L'anarchie est une situation d'autant plus violente, que les peuples qui supportent ce fardeau, n'en connoissent pas tout le poids. Ce n'est que par l'histoire, que les hommes peuvent juger de ce que c'est que l'anarchie.

Marchamont Needham, auteur de cet ouvrage, avoit fait une étude profonde de l'Histoire des Peuples anciens : peu d'hommes ont, avant lui (si nous en exceptons Milton), réuni plus heureusement l'amour de la liberté, au désir de la rendre commune à leurs semblables. Il peint avec vérité et sans art les orages de la liberté, le calme de la tyrannie (1), les malheurs causés par les abus et les excès qui les suivent, et l'anarchie, qui dévaste les empires et les précipite vers leur décadence, qui, par le relâchement subit de tous les ressorts du gouvernement, opère un choc universel et des opinions et des hommes.

---

(1) L'expérience de tous les âges a prouvé que la tranquillité qui naît du pouvoir absolu, refroidit les esprits, abat le courage, rétrécit le génie, jette une nation entière dans une léthargie universelle. RAYNAL.

L'anarchie forme les ombres qui séparent les beaux jours de la liberté, toujours agités et toujours brillans, d'avec les ténèbres et le silence du despotisme.

Il est bien impossible à une assemblée de législateurs, de donner des loix si parfaites, qu'elles remplissent d'abord les espérances d'un grand peuple. La plus sublime théorie à peine atteindroit au but : et quelle distance de la théorie à la pratique !.... N'en doutons pas, la constitution d'un état (qui, par son ensemble, doit communiquer par-tout le mouvement et la vie, dont la marche, lente avec sagesse, précède les peuples) ; la constitution d'un état crée à la fois cette immensité de moyens, qui font germer sur toutes les parties de l'empire, la félicité que l'on ob-

tient des loix et que donne la liberté, et ces richesses de l'industrie, semblables à la nature, toujours active, hâtée de produire,
et qui ne se repose jamais.

La terre ne se couvrit point d'a-
bord de ces arbres majestueux qui
balancent leurs têtes jusque dans
les nues; chaque année leur donna
une sève nouvelle.

La constitution d'un état doit
être perfectionnée sans cesse, et
nous ne pouvons attendre des loix
nouvelles, que des biens mesurés
à l'état de foiblesse qui suit un long
repos.

(Si nous considérons maintenant
quelle est la liberté de nos voisins,
les Anglais; ne serons-nous pas
forcés de gémir, en voyant que
le peuple le plus fier et le plus
actif, le plus éclairé sur ses inté-

ner plus d'élévation à nos pensées!
Rapide, impétueux, ce sentiment
exciteroit en nous le désir inquiet
d'un bonheur universel. L'amour
de la patrie se renouvelle avec les
siècles, chez un peuple qui observe tous les maux sous lesquels
gémissent les nations assujetties.

J'ai recueilli des notes dans les
auteurs les plus célèbres, tels que
Montesquieu, J. J. Rousseau, Bossuet, Letrosne, l'abbé de Mably.
M. de Peyssonel, etc. etc., dont
les écrits, comme autant de monumens, rediront à nos neveux
ce que nous fûmes, le point d'où
nous sommes partis, la marche
des lumières, leur explosion et leurs
effets.

Ces notes viennent à l'appui de
mon auteur; elles prouvent ce qu'il
n'a fait qu'indiquer, elles affirment

ce qu'il rapporte ; et s'il m'arrive d'avoir trop souvent recours au témoignage de nos auteurs, on me le pardonnera sans doute en faveur de la sublimité de leurs expressions, de la justesse de leurs pensées, et de la perspicacité de leur jugement. *L'excellence d'un état libre* n'est pas un de ces livres d'agrément que le beau sexe aime à lire ; il exige une grande attention ; et ceux qui n'ont pu soutenir la lecture de l'Esprit des Loix et du Contrat Social, pourront faire à cet ouvrage le même honneur.

Peut-être trouvera-t-on que le style de cet ouvrage est un peu diffus ; mais si l'on considère avec quelle adresse les agens du pouvoir absolu ont éloigné de nous tout ce qui pouvoit nous retracer à l'esprit l'idée du bonheur qui appartient

partient à un état libre, de quel
art ils ont usé pour nous plonger
dans la servitude ; si l'on se sou-
vient encore du style fleuri des
préambules d'emprunts, qui mani-
festoient à l'Europe le parjure et
la fourbe des ministres, et de ces
promesses renouvelées par leurs
infractions ; si le mensonge est ac-
compagné de tous les agrémens du
style ; si des hommes bassement
habiles ont semé de fleurs le chemin rapide qui nous conduisoit
dans un gouffre de maux : l'a-
vocat de la liberté doit-il aussi
rechercher ces expressions dont
la pompe appartient à l'éloge ?
Peut-être la simplicité a aussi sa
dignité.

L'auteur a divisé son ouvrage en
quatre parties. La première l'est

elle-même en quatorze raisons. Il attaque les ennemis de la liberté du peuple, dans les deux premières parties ; et l'on reconnoît que tous les efforts par lesquels on tenteroit d'affermir le pouvoir dans les mains d'un seul, ne pourroient le rendre légitime et raisonnable, si celui auquel il auroit été confié n'en obtenoit la prolongation par le consentement libre du peuple, réprésenté dans ses assemblés solemnelles et successives.

Dans la troisième partie, il s'élève puissamment contre les assertions de ceux qui prétendent que l'autorité des rois prend sa source dans celle que les anciens patriarches exerçoient sur leurs nombreux enfans ; il remonte aux premiers âges du monde, pour prouver que si ce gouvernement est légitime et

portable, ce n'a été qu'à l'égard
des enfans des patriarches, aussi
long-tems qu'il ne dégénéra pas
en tyrannie jusqu'au tems de Nem-
brod.

Marchamont Needham établit
ensuite avec une admirable simplicité, quelle est la majesté et la
souveraineté du peuple. Il rend
hommage à sa puissance ; et après
avoir démontré, par des raisons
irréfragables, que l'origine et la
source de tout pouvoir légitime est
dans le PEUPLE, il tire de l'Ecriture
sainte les preuves les plus authen-
tiques de cette vérité.

L'auteur a fait servir cette troisième partie comme de prélimi-
naire à la quatrième, qu'il a inti-
tulée : *Erreurs des gouvernemens, et
règles de politique*. Elle nous a
paru mériter, pour la rendre vé-

 PRÉFACE.

ritablement utile dans les circonstances présentes, que les savantes
et ingénieuses définitions métaphy-
siques du gouvernement politique,
par le citoyen de Genève, et l'abbé
de Condillac, y fussent insérées
en entier dans les notes; c'est pourquoi on les y trouvera, ainsi que
ce que les écrits de l'instituteur
du prince de Parme nous ont pré-
senté de plus intéressant sur le gouvernement et la république de Venise. Peut-être le lecteur nous saura
gré de ce rapprochement des deux
définitions du pacte social, suivi
du tableau du gouvernement le plus
corrompu et le plus odieux qui précède la pompeuse image que M. de
Sèze nous a donnée des heureux effets de la révolution en France.

La quatrième et dernière partie
sert à démontrer comment on est

rvenu jusqu'ici à favoriser les
ttentats du despotisme (1).

Marchamont Needham déchire
le voile qui couvroit les mystères
de la tyrannie : il nous apprend par
quelle série de moyens, dans l'enfance du christianisme, la tyrannie se créa des ministres, des loix
et des tribunaux, pour légitimer
ses fureurs, sous le prétexte spécieux d'extirper les hérésies. Il observe que la tyrannie, croissant à
l'ombre des autels, commit, au nom

---

(1) Le propre du despotisme est d'étouffer les
passions. Or, dès que les ames ont, par le défaut
de passions, perdu leur activité, lorsque les citoyens
sont, pour ainsi dire, engourdis par l'*opium* du luxe,
de l'oisiveté et de la mollesse, alors l'état tombe
en consomption ; le calme apparent dont il jouit,
n'est, aux yeux de l'homme éclairé, que l'affaisse-
ment précurseur de la mort. Il faut des passions
dans un état ; elles en sont l'ame et la vie. Le peuple
le plus passionné est, à la longue, le peuple triom-
phant. HELVETIUS.

b iij

de Dieu, tous les crimes de la cupidité, de l'orgueil et de l'ambition ; que ce monstre s'est toujours servi de la superstition pour consacrer ses attentats : et, ce qu'il étoit tout naturel d'en attendre, si la religion a été calomniée, et ses ministres avilis, méprisés, odieux ; si les trésors de l'église ont été formés des *filons* de la crainte et du remords ; si le sage a souvent gémi en considérant que les ministres d'une religion sainte ont béni les chaines des nations et absous les tyrans, c'est que la tyrannie exerçant un pouvoir théocratique, ce qui n'étoit qu'un délit civil ne tarda pas à devenir un sacrilège ; on intéressoit la Divinité en tout, comme si la différence des opinions pouvoit être de la compétence du magistrat. On vit la tyrannie, éle-

sont sa tête altière jusque dans les
cieux, affermir sa puissance sur
l'incurie des rois et l'aveugle soumission des peuples. Il lui suffi-
soit de vouloir, pour élever ou pour
détruire. Il est facile de juger avec
quelle audace, quelle aveugle fureur, les peuples ont été gouvernés
par ces tyrans révérés, connus sous
le nom d'empereurs, de rois, de
nonces, d'évêques, et d'inquisi-
teurs.

Notre auteur nie le droit divin
des rois à mal gouverner, et, par
une suite de raisonnemens puissans, il proclame le droit inalié-
nable de l'homme à la liberté. Pé-
nétré de cette maxime du grand
Alfred, qu'une nation doit être
aussi libre que les pensées internes
de l'homme, il ne néglige rien pour
persuader au peuple qu'à lui seul

b iij

il appartient de conserver la liberté
et de la défendre.

« Révélez, dit Raynal, tous les
mystères qui tiennent les hommes
à la chaîne et dans les ténèbres ;
et que, s'appercevant combien on
se joue de leur crédulité, les peuples éclairés tous à la fois vengent
enfin la gloire de l'espèce humaine.

« Quel a été et quel est, chez
toutes les nations, l'effet du despotisme civil ? La bassesse, et l'ex-
tinction de toute vertu.

« Dans un état despotique, il
n'y a de coupable que le despote.
Le sujet d'un despote est, de même
que les esclaves, dans un état contre
nature. Tout ce qui contribue à y
retenir l'homme, est un attentat
contre sa personne. Toutes les
mains qui l'attachent à la tyrannie d'un seul, sont des mains ennemies.

« Le tyran ne peut rien par lui-
même ; il n'est que le mobile des
efforts que font tous ses sujets pour
s'opprimer mutuellement. Il les
entretient dans un état de guerre
continuelle, qui rend légitimes les
vols, les trahisons, les assassinats.
Ainsi que le sang qui coule dans
les veines, tous les crimes partent
de son cœur, et reviennent s'y concentrer.

« L'injustice s'attache à l'homme
par des nœuds qui ne se rompent
qu'avec le fer. Le crime engendre
le crime ; le sang attire le sang ;
et la terre demeure un théatre éternel de désolation, de larmes, de
misère et de deuil, où les nations
viennent successivement se baigner
dans le carnage, s'arracher les entrailles, et se renverser dans la
poussière.

« Dans les temps malheureux,
il en est des espérances du peuple
comme de ses terreurs, comme de
ses fureurs; en un clin d'œil, les
places sont remplies d'une multitude qui s'agite, qui menace. Le
citoyen se barricade dans sa maison, le magistrat tremble dans son
hôtel, le souverain s'inquiète dans
son palais; la nuit vient, le tumulte cesse, et la tranquillité re-
naît. Dans ses terreurs, en un clin
d'œil la consternation se répand
d'une ville dans une autre ville, et
plonge dans l'abattement toute la
nation. Dans ses espérances, le fan-
tôme du bonheur, non moins rapide, se présente par-tout; par-tout
il relève les esprits, et les bruyans
transports de l'allégresse succèdent
au morne silence de l'infortune.
La veille, tout étoit perdu; le jour
suivant, tout est sauvé ».

« Et, dit éloquemment Algernon Sydney, si les hommes naissent libres, ceux qui ont de la sagesse et de la prudence ne manqueront pas d'établir de bons gouvernemens ; mais si en naissant ils se trouvent obligés, par une nécessité inévitable, de demeurer toute leur vie dans l'esclavage, toute la sagesse du monde ne leur sera d'aucune utilité ; et il faudra, malgré qu'ils en aient, qu'ils dépendent absolument du bon plaisir de leurs souverains, quelque cruels, furieux ou scélérats qu'ils puissent être ».

Une des raisons pour lesquelles les droits et la souveraineté du peuple n'ont point encore été discutés avec toute la pompe et la majesté dont ils seroient susceptibles, c'est que le peuple ne distribue pas, ainsi que font les rois et les grands, des présens et des graces; qu'il n'alimente ni l'ambition ni l'orgueil, et ne sait pas flatter les espérances des auteurs. Et néanmoins combien d'excellens ouvrages consacrés uniquement à nous rappeler l'antique majesté du peuple, ses droits, sa puissance, et les monumens de sa grandeur!

Dans les siècles modernes, Milton, Algernon Sydney, Marchamont Needham, et plus récemment, le divin Fènelon, Hume, Mercier, Raynal, Mably, Mirabeau, Peyssonel, Letrosne ! Qu'il me soit permis de me servir des couleurs d'un auteur moderne (1), pour peindre l'aurore de la liberté,

---

(1) Réflexions philosophiques sur la dernière révolution de la France, adressées au docteur Priestley, par M. J. Courtenay, écuyer, membre du parlement d'Angleterre.

« Le génie pénétrant et éclairé de Montesquieu, la légèreté brillante de Voltaire, l'éloquence enchanteresse du bon Rousseau, la précision de d'Alembert, l'audace et la perspicuité de Boulanger, les hardis paradoxes d'Helvetius, la majesté sublime, l'esprit systématique de Buffon, les profondes recherches de M. Bailly, l'éloquence séduisante de M. Marmontel, les pensées fines, mais fortes, de Diderot, ont répandu sur le monde littéraire une bénigne influence »! Tels sont, ô Peuple ! les hommes qui se sont sacrifiés pour la cause de la liberté, et qui ont déjoué toutes les ruses de la tyrannie. Tel est l'avantage de la bonne cause ; et tel est son ascendant, qu'il nous suffit de la connoître pour devenir ses plus ardens défenseurs, et bientôt ses mrtyrs : et telle est l'ivresse et l'enthousiasme qui s'empare de tes défenseurs, ô Peuple ! qu'une seule vérité consacrée à nous rappeler tous les caractères qui composent le sceau original de ta puissance et de ta liberté, fait braver à celui qui l'a dite, l'exil, l'emprisonnement, la mort, les fers, la pauvreté, et les outrages.

Quiconque n'a pas considéré, n'a pas vu les souterrains et les cachots de la Bastille, ne peut se former une idée du sort affreux de ceux qui y finirent leur vie. Eh ! qui pourroit les considérer d'un œil sec ? Celui qui, les ayant visités, n'a pas la tyrannie en horreur, ne connoîtra jamais tous les avantages d'un état libre.

Tyrans, qui avez permis que des hommes fussent descendus vivans

dans ces cachots, gardez-vous de
fouler une terre palpitante de douleur !.... Craignez qu'elle ne s'en-
tr'ouvre pour vous punir !

Peuple Français, Peuple généreux, c'est à genoux, c'est les yeux
baignés de larmes, la face contre
terre, et dans le recueillement de
la douleur et de l'indignation, que
nous pourrons entendre les accens
plaintifs confiés à ces pierres, à
cette terre !.... O terre de désolation, entends ma prière !.... Un
citoyen (1) se prosterne, il te baigne
de ses larmes ; il voudroit pouvoir
les mêler aux larmes de cet homme
que ton sein a dérobé à l'horreur
des tourmens. O terre ! voûtes !

---

(1) *Un* CITOYEN ! *expression par laquelle je vou-
drois associer à mes sentimens, pour les victimes
de la tyrannie, tout ce qu'il y a au monde d'hommes qui chérissent la liberté.*

ténèbres ! redites-moi les dernières paroles de ce citoyen (1). C'est aux hommes, mais sur-tout aux citoyens, qu'elles s'adressoient. La tyrannie n'est plus! ô terre! ô voûtes! ô ténèbres!

Français, Peuple-roi, tu consacres trois jours pour célébrer la fête anniversaire de ta liberté ! Au milieu de tant d'accens et de cris de joie, permets que, la tête couverte de cette terre encore trempée des larmes de l'homme qui expira dans les fers, permets que je te demande d'ordonner un deuil pour honorer les victimes de la tyrannie. O Louis, roi d'un peuple libre, il t'appartient de le porter!

Avec quels sentimens de respect

---

(1) *J'entends généralement tous ceux qui ont été engouffrés dans ces cachots, et qui y sont morts.*

et

et d'admiration les peuples de l'Europe apprendront qu'en un jour tous les préjugés qui courboient notre ame vers la terre, et ces institutions qui déprimoient l'homme, et ces inventions de l'orgueil et de l'ambition (qu'une race de reptiles avoit accueillies et caressées), à l'aide desquelles ils avoient créé parmi nous ces offensantes variétés de conditions, armoiries, noblesse, dignités, rangs, préséances, grandeurs, enfans du délire et de la vanité! O Peuples de l'Europe, ces chimères ont fait place à la sagesse, à la liberté, à l'égalité, dépositaires des droits et de la majesté de l'homme.

Je terminerai cette Préface par les dernières lignes de la savante Lettre écrite par M. J. Courtenay au docteur Priestley, sur la der-

Tome I.   c

mière révolution de la France.
« Considérons la liberté, dit cet éloquent écrivain, admirons-la dans sa simplicité rustique, au milieu des montagnes escarpées de la Suisse, environnée d'une troupe de paysans soldats fertilisant les rochers, et répandant l'abondance au milieu de leur stérilité. On aime à la voir dans *sa majesté nue*, errante dans les vastes forêts de l'Amérique, et portant le charme de ses attraits jusque dans les contrées les plus lointaines, qu'elle a su réunir par sa divine énergie; dans ces lieux où le trône de la conscience n'est point assiégé par le cagotisme; où la tolérance est prescrite, parce qu'elle ne fait que suspendre les persécutions; où l'obéissance à la loi est la marque de l'obéissance, et où la vertu de l'homme n'irrite

pas le citoyen : on la trouve, cette déesse favorite, dans les pays où tous les rangs, toutes les distinctions sont réduits au niveau ; où l'homme est rendu à l'égalité de la nature, et où il ne s'élève au-dessus de ses semblables que par les talens qu'il a reçus de la Divinité ; où tous les traits les plus brillans de l'esprit humain, sans être ni émoussés ni ternis par la splendeur uniforme de la monarchie, conservent leur trempe et leur éclat primitif.

Le soleil de la liberté vient de se lever sur la France ; il a revisité les rochers déserts de la Corse, et, dans son cours glorieux, il a éclairé toute l'atmosphère politique de l'Europe.

Déjà je vois le sceptre trembler dans la main des rois ; je vois les fondemens de tous les trônes ébranlés par la convulsion politique de mon pays. Le coup n'a pas frappé seulement sur la France ; il a été semblable à un contre-coup électrique, qui produit souvent des effets funestes à une grande distance du lieu où la foudre a tombé.

MULLER ! toi dont l'éloquence expansive et sublime rend à jamais célèbre l'histoire de la Confédération Helvétique (1), ouvrage immortel, hymne consacrée à la gloire et à la liberté des nations ; que n'ai-je quelques étincelles de ce génie qui vivifie et qui accroît, sous la plume, l'amour brûlant d'un peuple pour la liberté !.... Animé de ce feu divin, j'adresserois tantôt aux rois et aux peuples, tantôt au

____

(1) Cet ouvrage se trouve chez Lavillette, libraire, hôtel Boutillier, rue des Poitevins.

philosophe, et plus particulièrement aux Français, ces maximes
dont la profonde sagesse, dont la
hauteur peuvent seules ajouter aux
avantages que l'on doit attendre
de l'ouvrage de NEEDHAM, sur l'excellence d'une constitution libre.
Mais, quelles que soient la foiblesse
de mes efforts, et toute la puissance des rois pour en prévenir
les effets, contre le retour de la
tyrannie, les rois apprendront (et
cette science les rendra circons-
pects dans tous leurs projets) ce que
peut le citoyen ! Les peuples, en
considérant quelles sont la splendeur, la puissance et la majesté
d'un ÉTAT LIBRE, chériront le règne
des loix ; leur union sera comme
un mur d'airain, contre lequel
viendront se briser toutes les forces, et s'anéantir tous les efforts

des rois et des grands, si, dédaignant une couronne et des avantages qu'ils ne tiennent que de la libre volonté du peuple, ils formoient le désir insensé de renouveler à nos yeux ces scènes d'horreurs qui ont renversé l'édifice sacré des loix, et qui livroient les peuples à toutes les convulsions de l'anarchie, pour pouvoir les soumettre à leur caprice, et les plonger dans cette *atrophie* qui laisse au despotisme tous ses moyens, sans jamais satisfaire ses appétits féroces et sanguinaires, et qui enchaîne à la fois le courage et le génie.

Parisiens ! ou plutôt FRANÇAIS ! peuple dont la puissance n'a de limites que celles de la justice et des loix, peuple dont la grandeur et la destinée décideront désormais du salut de tant de nations; FRAN-

dis ! puissions - nous donner au
monde ce grand exemple d'un
peuple-roi et citoyen , gouverné
par les seules loix , et qui les a
créées par sa volonté libre !.....
Puissent les tyrans apprendre d'un
ROI-HOMME (1) quelle est cette félicité qu'il s'honore de partager
sous l'empire bienfaisant des loix ,
avec un peuple immense ET LIBRE,
avec un peuple composé tout en-

----

(1) O LOUIS XVI ! ô toi à la gloire duquel, en
1784, je consacrai une inscription sur l'un de ces
monumens que le PEUPLE érige, et dont les his-
toriens dédaignent de nous entretenir, comme si
les seuls monumens de marbre étoient éternels ! pendant cet affreux hiver, le peuple qui te rencon-
troit par-tout où tes bienfaits pouvoient s'étendre,
ayant amoncelé de la neige, en forma une pyramide ; et bientôt cette pyramide devint l'oracle
de sa reconnoissance, de son amour, et de son
profond respect. Emu , transporté, bondissant de
joie , j'accourus au monument , et j'y gravai ces seuls
mots : A LOUIS XVI, HOMME.

tier de citoyens soldats, qui sont unis par tous les nœuds de l'amour de la patrie, par ceux de l'humanité, de la concorde, de la valeur et de la fraternité!

STANHOPE! PRICE! citoyens augustes, qui érigez un trône au civisme, à l'égalité, à la paix, et à la liberté, dans cette isle fameuse où les rois n'ont qu'une autorité limitée, mais où les vestiges d'une monarchie absolue offrent partout et sans cesse aux voyageurs les anneaux de la servitude; où la prérogative royale insulte encore aux droits et à la majesté de l'homme et du citoyen; où les grands nous présentent le contraste varié des effets de la cupidité et de l'ambition; où les préjugés sont cimentés de toute la force de la religion et des loix! STANHOPE!

FAUCE ! et vous dignes émules (1)
de ces grands hommes, qui, comme
eux, vous honorez du titre d'homme
et de citoyen , vous partagez avec
tous nos hommages, et notre amour
et notre admiration.

SAGES, à qui la France va devoir
toute sa prospérité, VOUS, dont
la réunion, les conseils et la sagesse ont élevé sur les débris du
despotisme un temple à l'homme,
à son indépendance, et à sa liberté;
VOUS, qui lui avez rendu la plénitude de ses droits , et toute sa
majesté primitive; VOUS, qui, les
premiers, avez formé cette AS-
SEMBLÉE NATIONALE qui a
combattu toutes les institutions,
qui a remonté à la source de tous
les préjugés pour les détruire ou

____

(1) Les membres composant le club de la révolution de 1789, à Londres.

 PRÉFACE.

en adoucir la rigueur, animés de cet esprit de sagesse et de ce courage qui surmonte tous les dangers, vous avez soumis tous les intérêts, toutes les passions, et tous les amour - propres qui éternisoient dans un même empire, dans une même cité, sous le même toit, ces maux enfantés par l'orgueil, par l'ambition, et par l'amour du pouvoir, ces tyrans de l'homme, ennemis de l'égalité, et qui, depuis tant de siècles, s'étoient ligués contre la liberté, contre ses droits et contre son bonheur !

SAGES LÉGISLATEURS, et vous FRANÇAIS, FRERES D'ARMES, ô mes concitoyens ! c'est à vous que je dédie cet ouvrage.

Vous y trouverez rassemblés tous les droits d'un peuple à la liberté, à l'indépendance, et à la prospérité. Ces droits sont inséparables de sa grandeur ; ils sont inhérens à tout ce qui peut assurer la durée des empires. Ces droits sont, comme vos promesses, inviolables ; éternels comme votre gloire. Et par vous, FRANÇAIS, le siècle où nous vivons sera, pour les races futures, l'ère de la liberté et des loix, comme il l'est des lumières, de la philosophie, et du triomphe de l'homme sur la tyrannie et sur le despotisme.

J'ai inséré, par appendice au premier volume de cet ouvrage, avec les chapitres VII et VIII *du Prince* de Nicolas Machiavel, quelques réflexions que les maximes de cet auteur m'ont fait naître. On se persuadera de la nécessité de cette addition, après avoir lu, page 149, les assertions de Needham ; c'est ce qui m'a déterminé à les offrir au Public. Le lecteur pourra se convaincre, sans recourir à sa bibliothèque, par la comparaison qu'il fera des principes de Needham, combien la politique des princes diffère d'avec celle d'un peuple qui a fait la conquête de la liberté.

On trouvera aussi, par appendice, au second volume, quelques observations relatives à mon auteur comparé à J. J. Rousseau. J'ai pensé qu'elles devenoient nécessaires pour ceux qui, aimant à remonter à la source de toutes les idées, les comparent dans leur principe, les suivent dans les progrès dont elles deviennent susceptibles, et finissent enfin par placer les auteurs dans la classe qui leur convient.

Fin de la Préface.

CONSTITUTION

INTRODUCTION.

Lorsque les sénateurs de Rome commencèrent à respecter les droits du peuple, soit dans leurs décrets, soit dans leurs discours publics, et qu'ils briguèrent sa faveur en l'appelant *le maître du monde*, combien ne fut-il pas aisé à Gracchus de persuader à ce même peuple qu'il étoit aussi maître du sénat? Ainsi, Athènes étant délivrée de ses rois, le pouvoir demeura au peuple, qui le retint dans ses mains par l'avis de Solon, cet excellent législateur. Car, comme dit Cicéron, « il y a dans l'homme un sentiment naturel qui le fait aspirer à son élévation; il ne néglige rien lorsque la fortune seconde ses inclinations, et il hazarde tout, sa vie même, lorsqu'on lui persuade qu'il a des droits à la souveraineté ».

Un peuple s'est-il enfin imaginé qu'il doit être libre, il cherche aussi-tôt à mettre cette idée en exécution; il acquiert la liberté. Son premier soin sera de voir que ses loix, ses prérogatives, ses mandataires ou députés, ses officiers, enfin tous ses

Tome I. A

agens, portent un caractère de liberté. Il
la regarde comme la prunelle de l'œil,
qu'un atôme, un grain de poussière ou le
moindre attouchement peut offenser. La
liberté est enfin pour lui, cette jeune vierge
qu'il vient d'épouser, et dont il est exces-
sivement jaloux.

Ce sentiment avoit tant de force sur l'esprit des Romains, que si quelqu'un des citoyens, quelque mérite qu'il eût d'ailleurs,
paroissoit aspirer à la souveraineté, ils l'a-
baissoient aussi-tôt, comme ils firent à l'é-
gard du généreux Mœlius et de Manlius : la
jalousie de ce peuple le portoit jusqu'à examiner les regards, les gestes, les dehors et
le maintien de l'homme qu'il soupçonnoit ;
il avoit sur-tout grand soin de voir si les
voisins avoient entre eux des liaisons qui
fussent fondées sur l'amour de la liberté. Il
regardoit comme anti-patriotes ceux dont
les regards étoient méprisans, les sourcils
épais, et la démarche fière, et, pour ne
point paroître suspects, les plus sages
avoient recours à la modestie et à la dou-
ceur.

Ce fut en s'écartant de cette conduite, que
Collatin, un des fondateurs de la liberté

maine, et l'un des premiers consuls,
vivant avec une magnificence qui offensoit
le peuple, lui fit oublier les importantes
obligations qu'il lui avoit. Ses concitoyens,
après l'avoir dépouillé du consulat, le ban-
nirent de la ville. Brutus, son collègue, et
le sage Valerius Publicola, en prenant un
parti opposé, conservèrent, avec leur crédit, toute leur réputation ; l'un immola ses
enfans, ces colonnes vivantes de sa maison, pour réparer une injure faite au peuple * ; et l'autre, pour captiver sa faveur,

---

* On frémit encore en voyant dans les histoires
la triste fermeté du consul Brutus, lorsqu'il fit mourir à ses yeux ses deux enfans, qui s'étoient laissé
entraîner aux sourdes pratiques que les Tarquins faisoient dans Rome pour y rétablir leur domination.
Combien fut affermi dans l'amour de la liberté, un
peuple qui voyoit ce consul sévère immoler à la
liberté sa propre famille ! Il ne faut plus s'étonner si
on méprisa dans Rome les efforts des peuples voisins,
qui entreprirent de rétablir les Tarquins bannis. Ce
fut en vain que le roi Porsenna les prit en sa protection. Les Romains, presque affamés, lui firent connoître, par leur fermeté, qu'ils vouloient du moins
mourir libres. Le peuple fut encore plus ferme que le
sénat, et Rome entière fit dire à ce puissant roi qui
venoit de la réduire à l'extrémité, qu'il cessât d'inter-

lui donna le titre de *majesté*, mit à ses pieds les faisceaux et les attributs de l'autorité ; ordonna que tous les appels seroient portés à son tribunal, et fit abaisser les murs qui entouroient sa superbe maison, parce qu'ils lui donnoient l'apparence d'une forteresse. Ainsi en ont agi Menenius Agrippa, Camille, et tant d'autres grands personnages, qui devinrent les favoris du peuple. Ceux au contraire dont le caractère étoit plus orgueilleux, perdirent leur réputation et leur crédit.

On conclura de ce que je viens de dire, que quand on a fait connoître au peuple ses droits à la souveraineté, il est aussi impossible de l'en priver que de les diminuer *.

---

céder pour les Tarquins, puisque résolue de tout hazarder pour sa liberté, elle recevroit plutôt ses ennemis que ses tyrans. Porsenna, étonné de la fierté de ce peuple, et de la hardiesse plus qu'humaine de quelques particuliers, résolut de laisser les Romains jouir en paix d'une liberté qu'ils savoient si bien défendre. — La liberté leur étoit donc un trésor qu'ils préféroient à toutes les richesses de l'univers. Bossuet. *Discours sur l'Histoire universelle.*

* Aucun citoyen ne craignant aucun citoyen, cette nation seroit fière, car la fierté des roisn'est

Le peuple d'Angleterre, né aussi libre
qu'aucun peuple du monde, seroit-il assez
souple pour s'incliner sous le joug avilissant
d'une tyrannie arbitraire, et ne pourra-t-il
jamais connoître la véritable liberté*, ce
bien plus précieux que tous les dons de la
fortune, et plus estimable que tous les
charmes de la vie ? C'est un avantage qui
consiste, non pas à faire tout ce qui plaît et
à suivre ses désirs effrénés; on ne peut en
jouir et le conserver que par les moyens qui
suivent :

1°. Les loix doivent être unes, salutaires,
et convenables à l'état et à la condition de
tous les individus qui composent la société.

2°. L'administration des loix ** et de la

---

fondée que sur leur indépendance. -- Les nations
libres sont superbes; les autres peuvent plus aisément
être vaines. *Esprit des Loix.*

* Sous le nom de liberté, les Romains se figu-
roient, avec les Grecs, un état où personne ne fût
sujet que de la loi, et où la loi fût plus puissante que
les hommes. BOSSUET.

** Il n'y aura jamais de bonne et solide constitution, que celle où la loi régnera sur les cœurs des
citoyens; tant que la force législative n'ira pas jusque
là, les loix seront toujours éludées. Mais comment
arriver aux cœurs ? C'est à quoi nos instituteurs,

justice doit être exacte et facile, afin d'opposer aux maux des remèdes prompts et
peu dispendieux. 3°. Qu'il soit au pouvoir
du peuple de changer le gouvernement et
les chefs, suivant que les occasions le demandent. 4°. Qu'il soit tenu des assemblées
nationales à perpétuité. 5°. Enfin, que le
peuple soit libre d'élire les membres qui
composent ces assemblées, lorsque les
modes d'élection auront été établis. Or un
peuple ne jouit véritablement de ses droits,

---

qui ne voient jamais que la force et le châtiment, ne
songent guère, et c'est à quoi les récompenses ma-
térielles ne mèneroient peut-être pas mieux; la justice même la plus intègre n'y mène pas, parce que la
justice est, ainsi que la santé, un bien dont on jouit
sans le sentir, qui n'inspire point d'enthousiasme, et
dont on ne sent le prix qu'après l'avoir perdu.
L'éducation nationale n'appartient qu'aux hommes
libres ; il n'y a qu'eux qui aient une existence commune, et qui soient vraiment liés par la loi. Un enfant, en ouvrant les yeux, doit voir la patrie, et,
jusqu'à la mort, ne doit plus voir qu'elle. Tout vrai
républicain suça, avec le lait de sa mère, l'amour de
sa patrie, c'est-à-dire, des loix et de la liberté : cet
amour fait toute son existence ; il ne voit que la patrie, il ne vit que pour elle ; si-tôt qu'il est seul, il est
nul ; si-tôt qu'il n'a plus de patrie, il n'est plus, et,
s'il n'est pas mort, il est pis. J. J. ROUSSEAU.

que par l'ensemble de ces différens avantages, et il ne peut se conserver dans un état de sûreté et d'indépendance, que par leur accord et leur harmonie.

Si donc la liberté est sur la terre le bien le plus précieux dont on puisse jouir, combien il est important d'user de son courage, de son industrie et de ses talens pour la conserver ! Mais quels en doivent être les moyens ? La confiera-t-on à un pouvoir permanent, ou en remettra-t-on la garde entre les mains du peuple, qui la maintiendra dans la succession continuelle de ses assemblées solemnelles ? Avant que de résoudre la question, consultons l'histoire Romaine : nous y verrons que si le peuple a joui de sa liberté, c'est sur-tout lorsqu'il eut le pouvoir de former et de dissoudre ses grandes assemblées , de changer les chefs de l'administration, de faire des loix ou de les abolir *.

Il étoit encore de ses droits de choisir et

---

* Le gouvernement de Rome fut admirable, en ce que, depuis sa naissance, sa constitution se trouva telle, soit par l'esprit du peuple, la force du sénat, ou l'autorité de certains magistrats, que tout abus de pouvoir y pût toujours être corrigé. *Esprit des Loix.*

de nommer, pour travailler à ce grand ouvrage, ceux qui lui étoient les plus agréa-
bles; ce qu'il faisoit aussi souvent qu'il le
jugeoit à propos, et qu'il devenoit nécessaire à ses intérêts, si étroitement unis à la
prospérité publique. Si l'on dit que cette
étendue de puissance a été le premier fon-
dement de la liberté de ce peuple, on ne
peut disconvenir que cette république,
avant que de se montrer telle à l'univers,
n'ait été long-tems victime de l'adresse, de
la subtilité ou de la force des gens entre-
prenans qui étoient alors dans son sein:
les dieux, disoit Gracchus * aux Romains, vous envoient des revers pour vous

---

* Ne sont-ce pas les Gracques, ces deux fameux
Romains que les mêmes passions et la même éloquence rendirent tout ensemble les dieux tutélaires
de la multitude et les tristes victimes des grands, ces
deux orateurs que l'on vit ébranler avec tant d'efforts l'édifice où l'inégalité avoit commencé de jeter
les fondemens de la servitude, citer au tribunal du
peuple le sénat lui-même, soulever l'intérêt contre
l'orgueil, encourager des rebelles pour punir des
tyrans, changer les maîtres en esclaves, et ceux qu'on
vouloit faire esclaves en maîtres, ôter à une partie
de Rome ses chaînes pour les donner à l'autre? M.
CERUTTI.

venir de l'ignorance et de la négligence de nos ancêtres, qui, en chassant leurs rois, oublièrent d'anéantir avec eux les maux secrets que produit la royauté, puisqu'ils en avoient laissé la source dangereuse à la disposition du sénat. Ce fut ainsi que ce peuple malheureux, négligeant d'établir sa liberté sur les ruines du trône qu'il venoit de renverser, la perdit bientôt après. On lui répétoit qu'il étoit libre, par cette seule raison qu'il n'avoit pas de rois. Mais quel avantage en retira-t-il, quand il vit un Caïus, un Appius Claudius, et cette foule d'hommes jaloux du commandement ? Leur véritable objet étoit de perpétuer l'autorité royale dans le sénat, qu'ils infestoient de leurs desseins ambitieux. Ils vouloient assujettir les Romains sous le même joug qu'ils venoient de rompre, et se flattoient d'y asservir toute leur postérité.

Les Romains étoient alors aussi libres que le furent autrefois les Spartiates, qui eurent aussi un sénat pour abattre l'orgueil des rois, et qui ne trouvèrent en lui que des tyrans, dont ils ne purent vaincre la fierté. Les grands avoient, comme à présent, la liberté de faire tout ce qui leur plaisoit, tandis que le peuple étoit resserré dans des liens plus étroits que jamais. Ce fut de nos jours qu'est devenu ainsi libre l'état de Venise. Le peuple, à la vérité, est affranchi de la domination de son prince ou duc; mais le pouvoir du sénat ne le tient-il pas dans l'esclavage * ? Il n'en étoit pas de même dans la république d'Athènes : Solon, qui lui donna ses loix, mit ses premiers soins à placer entre les mains du peuple l'essence et l'exercice de la suprématie. Rien de ce qui intéressoit le public ne pouvoit passer ou être accepté sans le consentement des citoyens, et sans être revêtu du sceau de leur autorité. Il institua ce fameux conseil, appelé l'Aréopage, pour régler les affaires d'état ** ; mais il laissa au peuple

---

* Voyez la quatrième note de la troisième partie.

** Que dirai-je de la sévérité des jugemens ? quel plus grave tribunal y eut-il jamais que celui de l'Aréopage, si révéré dans toute la Grèce, qu'on disoit que les Dieux mêmes y avoient comparu ? Il a été célèbre dans les premiers temps, et Cécrops apparamment l'avoit fondé sur le modèle des tribunaux d'Egypte. Aucune compagnie n'a conservé si long-temps la réputation de son ancienne sévérité, et l'éloquence trompeuse en a toujours été bannie. Bossuet. *Discours sur l'Hist. Univ.*

la puissance législative. Il évita, par ce
moyen, le pouvoir absolu des rois, et balança l'autorité du sénat. Tous les siècles
rendront hommage à ce législateur, comme
au seul homme qui nous ait laissé le modèle d'un état libre.

Après l'expulsion des rois à Rome, le
peuple, qui se flattoit d'être libre et d'en
porter le nom, fut long-tems sans s'appercevoir qu'il ne l'étoit pas. Brutus ne laissa
à ses concitoyens que l'ombre et l'apparence de la liberté. Il avoit assez d'ambition, et l'occasion étoit assez favorable,
pour qu'il s'emparât de la couronne : mais
plusieurs considérations l'effrayèrent ; il vit
combien le nom de roi étoit odieux ; s'il
eût combattu pour se placer lui-même sur
le trône, on auroit jugé que la soif du pouvoir, plutôt que l'amour de la patrie, lui
avoit fait prendre les armes. Il savoit combien une vie privée, douce et tranquille,
étoit préférable à un trône qui auroit été
bientôt entouré de précipices. Enfin, s'il
s'étoit emparé de la couronne, quelle espérance pouvoit-il avoir de la garder long-
tems, lui qui, par son exemple et par ses
discours, avoit appris au peuple à redouter la

tyrannie et à s'y soustraire. Il étoit donc nécessaire qu'il prît un moyen plus favorable
pour arriver à son but, et conserver l'amour
d'un peuple qui, peu accoutumé à la liberté, n'en connoissoit pas toute l'étendue,
et qui se laissoit facilement tromper sur la
réalité, pourvu qu'on lui en laissât l'ombre.

Les grands qui avoient travaillé à affermir
la liberté publique, fondoient sur leur mérite l'espoir qu'ils avoient conçu de commander. Alors, comme un auteur l'a fort
bien remarqué, *Regum quidem nomen,
sed non regia potestas Româ fuit expulsa.*
Quoique le nom de roi fût rejeté avec une
joie universelle, l'autorité en fut conservée
avec une politique et une adresse éton-
nantes, et fut partagée, sous une autre dé-
nomination, entre les grands et tous ceux
qui avoient quelque puissance dans la ville.
Ainsi le souverain pouvoir fut renfermé
dans un sénat permanent, où tous les ans
on choisissoit deux consuls parmi ses membres. De cette manière ils jouissoient, chacun à leur tour, d'une espèce d'autorité
royale, sans que cette nouvelle forme de
gouvernement ajoutât aux prérogatives du
peuple, qui ne faisoit que changer d'escla-

[illegible] plus vile [illegible]
[illegible] sans cesse sous
[illegible] on met dans de
[illegible] le fardeau qu'ils doivent
[illegible]

qu'arriva-t-il ? Le sénat, s'étant em-
[illegible] le pouvoir, dégénéra bientôt
[illegible] première vertu, et de l'excellence de
[illegible] institution ; ces sénateurs vénérables,
[illegible] avoient été justement nommés les pères
[illegible] la patrie, se livrèrent à l'avarice, au
[illegible] et à la débauche. L'amour de la patrie
[illegible] à l'ambition et aux cabales, la di-
[illegible] entre eux ; ce qui porta les
[illegible] peuple à leur comble. Quelques
[illegible] plus puissans que leurs
[illegible] s'élevèrent au dessus d'eux, et
[illegible] au nombre de dix, du sou-
[illegible] voir, sous le nom de décemvi-
[illegible] nouveaux usurpateurs réunirent

[illegible] la fin des disputes entre les patriciens
[illegible] plébéiens, ceux-ci demandèrent que l'on don-
[illegible] fixes, afin que les jugemens ne fussent
[illegible] d'une volonté capricieuse ou d'un pou-
[illegible] Après bien des résistances, le sénat
[illegible] pour composer ces loix, en nomma des
[illegible] On crut qu'on devoit leur accorder un

toutes leurs forces , et s'enrichirent des dé-
pouilles du peuple , sans trop s'inquiéter
de l'illégitimité des moyens qu'ils prenoient
pour contenter leur avarice ou leur passion. Un état si déplorable continua jusqu'à
ce qu'enfin leur joug , devenu insupportable , inspira le désir d'abolir une tyrannie
aussi odieuse.

Les Romains y parvinrent , et réveillés
de leur assoupissement par cette victoire ,
ils se rappelèrent avec quel courage leurs
ancétres avoient renversé la royauté , et ce

---

grand pouvoir, parce qu'ils avoient à donner des
loix à des partis qui étoient presque incompatibles
on suspendit la nomination de tous les magistrats,
et, dans les comices, ils furent élus seuls administrateurs de la république. Ils se trouvèrent revêtus
de la puissance consulaire et tribunicienne. L'une
leur donnoit le droit de convoquer le sénat, l'autre
celui d'assembler le peuple. Dix hommes dans la république eurent seuls toute la puissance législative,
toute la puissance exécutive, et toute la puissance
des jugemens. Rome se vit soumise à une tyrannie
aussi cruelle que celle des Tarquins. Quand Tarquin exerçoit ses vexations, Rome étoit indignée
du pouvoir qu'il avoit usurpé. Quand les décemvirs exerçoient les leurs, elle fut étonnée du pouvoir qu'elle avoit donné. *Esp. des Loix*, *Chap. XV*.

souvenir leur fit connoître aussi-tôt la force qu'ils avoient en main. Ils sentirent toute la honte qui accompagnoit l'oppression et la tyrannie de quelques individus. Ces citoyens, qui soutenoient le fardeau de l'empire, en qui résidoient la force et la puissance, et pour qui les états étoient fondés, ne permirent plus que les maîtres du monde fussent esclaves dans Rome.

Les Romains s'appliquèrent donc alors à ne se plus laisser tromper par les apparences d'une fausse liberté. Ils se soulevèrent sous la conduite du tribun Canuteïus, et résolurent de ne mettre bas les armes que lorsqu'ils auroient recouvré la jouissance réelle de leurs droits et de leurs privilèges. On les déclara capables de parvenir aux charges du gouvernement, et même à celle de la dictature. Le peuple eut des officiers tirés de son propre corps, qui, sous le nom de tribuns, et comme protecteurs du peuple, étoient sacrés et inviolables dans leur personne. Ils avoient le pouvoir de convoquer les habitans, et d'agir avec toute liberté dans ces assemblées générales. Dès-lors l'état et la république purent être appelés libres. Chaque citoyen

pouvoit prétendre aux dignités. La vertu,
les talens, le mérite possédoient les hon-
néurs qui, auparavant, avoient appartenu
à la noblesse, et l'homme de bien étoit
aussi respecté qu'un magistrat. Rare félicité des tems anciens, qu'on ne doit plus
attendre qu'au commencement d'un nouvel
âge d'or.

Il n'a pas suffi aux Romains d'abolir le
nom de roi, pour obtenir la jouissance entière de leurs droits et de leurs privilèges ;
et pour les établir solidement, ils ont jugé
qu'ils devoient extirper la royauté, en arracher les branches et la racine, dans quelques mains que l'exercice en fût confié.

Rome ayant été déclarée un état libre, le
peuple, jaloux de rendre sa liberté ferme
et durable, fit serment, non seulement de
ne point rappeler les Tarquins *, mais
encore de ne souffrir, en aucun tems,

---

* Tarquin le Superbe, dit *Florus*, rendit un
grand service à son pays, quand il donna lieu, par
sa tyrannie, à l'établissement de la république. C'est
le discours d'un Romain, qui, pour être né sous
des empereurs, ne laissa pas de préférer la liberté
à l'empire. St. Evremont.

dans

[gou]vernement, un magistrat qui fit
[le] pouvoir des monarques.

[Ces g]énéreux citoyens, qui s'enorgueil-
[lissaient] d'avoir fondé la république, pré-
[voyaient] que, parmi ceux qui leur succé-
[deraient], il s'élèveroit des hommes qui,
[moins] animés de l'amour du bien public,
[aspir]eroient à la royauté. Ils s'efforcèrent
[donc], par des exemples de vertu, d'impri-
[mer] dans l'esprit des peuples, des prin-
[cipes] si purs et si élevés, qu'ils suffirent
[pour] leur inspirer une haine éternelle contre
[le] despotisme, dont ils s'étoient délivrés.
[Dès-]lors le nom de roi devint odieux au
[peu]ple Romain.

[Ain]si, après plusieurs siècles de gloire et de
[pros]périté, César, croyant pouvoir profiter
[des] dissentions civiles pour s'emparer de la
[sou]veraine autorité, quelle qu'ait été l'éton-
[nante] rapidité de ses succès, respecta la
[dig]nité du peuple Romain, et n'osa prendre
[le] nom abhorré de roi; mais il se contenta
[du] titre d'*imperator*, ou commandant,
[qu'il] croyoit moins propre à révolter le
[peu]ple. Ce perfide moyen n'en imposa pas
[aux] Romains; ils n'en furent que plus irri-
tés et plus ardens à lui plonger un poignard

Tome I.   B

dans le cœur par les mains de Brutus, qui vengea, par la mort du tyran, l'injure faite à sa patrie.

Les Hollandois, nos voisins, suivirent l'exemple de Rome, lorsqu'ils eurent secoué le joug de l'Espagne. Ils promirent avec serment d'abjurer pour toujours, non seulement l'autorité de Philippe, mais encore celle de tout autre roi *.

---

* Pour la république des Provinces-Unies, elle jouit encore de sa liberté, puisqu'elle est encore en possession de faire ses loix ; mais son gouvernement se déforme, depuis qu'elle a changé en magistrature ordinaire une dictature qui devoit être réservée pour des tems courts et difficiles. Le stadhouder n'est encore qu'un lionceau qu'on tient à la chaîne ; mais il peut la rompre et devenir un lion *(Ne l'a-t-il pas rompue? Où en sont réduites les provinces de la Hollande?)* Parlons sans figure : tout invite ce prince à ruiner sa patrie ; d'une part, c'est une noblesse qui trouve dans la cour du Stadhouder des distinctions dont elle est jalouse, et qui méprise des bourgeois qui sont plus puissans qu'elle : ce sont des provinces et des villes assez mal-adroitement confédérées, et qui ont des intérêts différens. Joignez à cela peu d'amour pour la liberté, et une avidité insatiable dans la banque et dans le commerce ; avec tout cela vous pouvez conduire loin les Hollandois, et je ne me charge pas de les réformer. L'ABBÉ DE MABLY.

[illegible] furent été chassés de [illegible] et les avantages de la liberté [illegible] gouvernement, furent confiés [illegible], sous le nom de sénat. Ce tri-[illegible] l'autorité, sans que le peuple [illegible] part ; mais bientôt il s'apper-[illegible] qu'un instrument passif [illegible] les mains du sénat, et dès-lors il sortît [illegible] léthargie, et obligea le sénat à recon-[illegible] les droits à toutes les charges du [illegible]rnement, et qu'il étoit partie inté-[illegible] du pouvoir législatif, exercé jusqu'a-[illegible] par les pères conscripts. On vit aussi-tôt [illegible] ces officiers, appelés tribuns *, et

---

[illegible] de Rome gouvernoit la moitié du [illegible], et n'avoit pas même l'idée du par-[illegible] des pouvoirs. Ce sénat cependant ne parvint [illegible] opprimer la puissance législative, quoi-[illegible]ateurs fussent à vie ; mais ces loix avoient [illegible] le peuple avoit des tribuns, et le sénat [illegible] par les consuls.

[illegible] que l'administration soit forte, bonne, et [illegible] bien à son but, toute la puissance exécutive [illegible] dans les mêmes mains ; mais il ne suffit pas [illegible] mains changent, il faut qu'elles n'agissent, [illegible]mble, que sous les yeux du législateur, et [illegible] loi qui les guide ; voilà le vrai secret pour [illegible] n'usurpent pas son autorité. J. J. Rousseau.

B 2

se former ces assemblées du peuple, qui servoient de frein au pouvoir et à l'ambition du sénat et de la noblesse. Avant cet établissement, lorsque tout étoit dans les mains du sénat, la nation étoit regardée comme libre, parce qu'elle n'étoit point sujette à la volonté d'un seul homme ; mais elle ne le fut en effet que lorsqu'on ne put lui imposer aucunes loix sans le libre consentement du peuple, obtenu dans ses grandes assemblées. Dès-lors le gouvernement se trouva établi sur un mélange égal de tous les intérêts, par le concours des patriciens et des plébéiens : aussi fut-ce de cette manière que les Romains parvinrent au faîte de la grandeur et de la gloire.

Parmi les états libres, la république de Venise a donné à sa noblesse un pouvoir trop étendu ; et dans les Provinces-Unies, la république fait trop dépendre l'intérêt général de la volonté du peuple. Rome se maintint entre ces deux extrêmes ; elle conserva le sénat comme son conseil permanent, et se servit de son austère équité dans l'administration des affaires d'état qui exigent une grande sagesse et une expérience consommée. Mais quant à la légis-

principaux actes de souverai-
rent réservés aux grandes assem-
Le peuple donnoit les règles par
on devoit gouverner, et les se-
du gouvernement étoient confiés au
Cette république ne fut jamais si
te, et plus constamment, que lors-
peuple eut le plus de pouvoir, et
exerça avec une sage modération,
il en ait abusé quelquefois ; et les
qu'il a commis n'ont point été si
ux et si longs que les malheurs cau-

Le vrai caractère de la souveraineté, son attribut
essentiel, ainsi que l'ont démontré cent fois tous les jurisconsultes, c'est l'indépendanse absolue, ou la faculté de changer les loix suivant la différence des con-
jonctures et les différens besoins de l'état. Il seroit en
effet insensé de penser que le souverain pût se lier
invariablement par ses propres loix, et déroger
éternellement aujourd'hui à celles qu'il croira nécessaires
établir demain. Le peuple en qui réside ordinairement la puissance souveraine, le peuple, seul auteur
du gouvernement politique, et distributeur du
pouvoir confié en masse ou en différentes parties à
des magistrats, est donc éternellement en droit d'in-
terpréter son contrat, ou plutôt ses dons, d'en mo-
difier les classes, de les annuller, et d'établir un nouvel ordre de choses. L'ABBÉ DE MABLY.

B 3

sés par l'ambition des sénateurs. Tant que le peuple usa avec sagesse de ses droits, et qu'il prévalut sur le sénat, il conserva sa liberté. Combien étoit grand cet avantage, si on le compare aux maux affreux qu'il éprouva lorsqu'il franchit les bornes de la justice et de la raison ! Mais il retomba bientôt dans son premier état, quand le sénat fut parvenu à lui enlever la portion de pouvoir qu'il avoit dans le gouvernement. Rome alors perdit sa liberté, comme par degrés. Le peuple cédoit à l'autorité du sénat ; le sénat à celle des factions, qui se déchaînoient les unes contre les autres ; enfin le chef de la faction victorieuse, César usurpa tout le pouvoir, et réunit dans ses mains tous les droits et toutes les prérogatives de la liberté. Ce fut alors qu'on vit se dissoudre et s'anéantir toute la puissance, la gloire et la grandeur du premier peuple de l'univers, dans le gouffre de la tyrannie d'un seul homme.

Machiavel a pensé d'une manière sublime, lorsqu'il a dit : « Ce n'est pas celui qui a rendu sage et respectable la souveraine autorité qu'il a exercée par lui-même, ou laissée à sa famille, que l'on

doit le plus admirer ; mais celui qui a donné
une liberté durable à un peuple, et qui a
assuré par-là son bonheur ». Heureux celui qui n'a fait usage de ses talens que pour
faire exécuter un si noble dessein ; sa gloire
surpasse celle que se sont acquise ces viles
idoles, à qui l'ambition, plutôt que l'équité, a porté nos hommages, et que l'on appelle *monarques* ! « Les plus grands rois ou
tyrans, dit Caton, sont bien inférieurs à
ceux qui se distinguent dans les états libres
et dans les républiques ». Tous ces puissans monarques de l'antiquité ne peuvent
être comparés aux Epaminondas, aux Pe-
riclès, aux Themistocle, aux Marcus Curius, aux Amilcar, aux Fabius, au grand
Scipion, et à tous les autres généreux capitaines, qui, dans des états libres, se sont
acquis une gloire immortelle en défendant
la liberté de leur pays.

Quoiqu'il semble que ce nom de liberté
ait été odieux et ridicule parmi les hommes,
depuis que les tyrans en ont privé tous les
peuples, et qu'il n'y ait que peu de contrées sur la terre où l'on en connoisse les
avantages, cependant les anciens ne da-
toient leurs titres de noblesse que du mo-

ment où ils avoient secoué le joug des rois, et c'est pour cette raison qu'il y avoit alors tant d'états libres dans toutes les parties du monde.

Ce n'est pas seulement dans les grandes ames que l'amour de la liberté fait éclater tant de vertus, et qu'il fait paroître ce courage si fier et des sentimens si magnanimes. L'expérience nous prouve qu'un gouvernement libre est celui qui procure le plus de commodités et d'avantages; qu'il est le plus propre à augmenter les richesses et la puissance d'un grand peuple. « Il est incroyable, dit Salluste, avec quelle rapidité et dans quel court espace de tems la république s'agrandit, lorsque le peuple eut acquis la liberté ». Et Guichardin assure que les états libres sont ceux qui doivent le plus plaire à Dieu, parce que, dans ces états, on donne plus d'attention au bien général; on veille davantage à ce que la justice soit administrée avec impartialité; les hommes y sont plus enflammés de l'amour de la gloire et de la vertu, et ils deviennent plus zélés pour la cause de la religion.

On est surpris quand on considère le degré de pouvoir et les richesses auxquels

[...] les Athéniens, lorsqu'ils se furent [...] de la tyrannie de Pisistrates : [...]ssance des Romains, après l'ex[...]e leurs rois et l'anéantissement du [...]ment arbitraire, doit encore plus [...]r *; et cela n'arriva pas sans une rai[...]ssante, car, dans les états libres, [...] les décrets n'ont qu'un seul but, l'in[...]ublic; le bien des particuliers lui est [...]s subordonné **.

---

* [...] tous les peuples du monde, le plus fier et [...] hardi, mais tout ensemble le plus réglé dans [...], le plus constant dans ses maximes, le [...], le plus laborieux, et enfin le plus pa[...], a été le peuple Romain.

[...] tout cela s'est formée la meilleure milice, et [...] politique la plus prévoyante, la plus ferme et [...]ivie qui fût jamais.

[...] d'un Romain, pour ainsi parler, étoit [...] de la liberté et de sa patrie : une de ces [...] lui faisoit aimer l'autre; car, parce qn'il ai[...] sa liberté, il aimoit aussi sa patrie, comme [...]re qui le nourrissoit dans des sentimens éga[...] généreux et libres. BOSSUET.

** À Rome et à Athènes, l'éducation n'étoit autre [...] l'art de montrer par-tout le bien géné[...] à l'idée du bien particulier; c'est-à-dire, [...] motif et qu'une leçon continuelle de l'amour

,Nous voyons le contraire dans une mo‑
narchie ; le plaisir du prince est préféré à

---

de la patrie. Dans l'homme, on ne cherchoit qu'à
façonner le citoyen. C'étoit sur le citoyen, et pour
le citoyen uniquement, que l'on élevoit le guerrier,
le politique, le philosophe, aussi-bien que l'orateur ;
sans l'amour de la patrie, les talens, les vertus en
perdoient le nom, ou du moins la gloire, et jamais le
titre de grand homme n'y étoit prononcé que pour
nommer celui qui avoit exécuté ou souffert de grandes
choses pour la patrie. . . . Là, si nous en exceptons
une poignée d'infortunés, victimes déplorables, mais
nécessaires, de l'indigence et de l'état, tous les ci‑
toyens étoient mis au rang des hommes ; ils naissoient
et vivoient égaux ; la liberté leur donnoit les mêmes
forces et les mêmes droits ; sujets à la fois et monar‑
ques, ils obéissoient aux magistrats, et les jugeoient,
ou, pour mieux dire, ils jugeoient les magistrats, ils
n'obéissoient qu'à la loi. Elle leur tenoit lieu de maî‑
tre, et, pour tout joug, leur imposoit celui du bon‑
heur public et de l'égalité. On avoit, il est vrai, mar‑
qué des rangs, érigé des tribunaux et presque des
trônes ; mais chacun pouvoit au moins espérer d'y
monter ; mais aucun n'y montoit que conduit par
la main de tous les autres : laboureur, chevalier,
soldat, sénateur, artisan, consul ; ces titres, si dis‑
tingués entre eux, se perdoient sans retour dans ce‑
lui de citoyen, le premier et le plus respectable de
tous. Là, sur-tout, on ne remarquoit pas cet inter‑
valle immense, qui, dans la plupart des républiques

[illegible]néral. Une nation qui a perdu [illegible] et qui reste courbée sous le joug [illegible], perd aussi-tôt son premier

---

[illegible]épare, à la bonté de l'humanité, la sphère [illegible] celle du peuple. Celui-ci n'étoit pas [illegible] ceux-là n'étoient pas tyrans. Le gouverne-[ment ne] condamnoit pas les uns à l'orgueil et à la mol-[lesse,] ni l'autre à la douleur et à l'avilissement; on [ne] pouvoit pas comparer les premiers à des dieux [jaloux] et avares, dont il fallût couvrir sans cesse [l'autel] d'offrandes et de victimes; on ne pouvoit pas [comparer] le second à une bête féroce, qu'on ne peut [dompter] qu'en la chargeant d'entraves et qu'en la [frappant]. Éclairés sur leurs vrais intérêts, le peuple [et les grands] n'ignoroient pas que le bonheur naturel [nais]soit de leurs forces mutuelles; qu'affoiblir ce [grand édi]fice d'une part, c'eût été en même tems [l'affoib]lir de l'autre; que l'équilibre de leur puissance [récipro]que en faisoit l'appui; que, sans cet appui, [la répub]lique eût ressemblé à une machine dont les [ressorts,] ici trop foibles, là trop puissans, n'auroient [agi les uns sur] les autres que pour se repousser ou [se] détruire. M. CERUTTI.

[illegible] pays où la domination du souverain est plus [grande,] sont ceux où les souverains sont moins puis-[sans; en prenant,] ils ruinent tout, ils possèdent [tout dans] l'état: mais aussi tout l'état languit; les [campagnes sont] en friche, et presque désertes. Les [villes diminuent] chaque jour; le commerce tarit. Le [roi, qui] ne peut être roi tout seul, et qui n'est grand [que par ses] peuples, s'anéantit lui-même peu à peu,

lustre ; son courage est flétri. Le corps se remplit d'humeurs ; il peut à la vérité s'enfler de titres ; mais il ne peut augmenter en pouvoir et en richesses dans une proportion égale à ce dont il jouissoit de l'un et de l'autre, parce que les nouvelles acquisitions sont considérées comme appartenantes au prince, et qu'elles sont nulles pour le bien et l'avantage du peuple.

---

par l'anéantissement insensible des peuples, dont il tire ses richesses et sa puissance ; son état s'épuise d'argent et d'hommes : cette dernière perte est la plus grande et la plus irréparable ; son pouvoir absolu fait autant d'esclaves qu'il y a de sujets. On le flatte, on fait semblant de l'adorer, on tremble au moindre de ses regards : mais attendez la moindre révolution, cette puissance monstrueuse, poussée jusqu'à un excès trop violent, ne sçauroit durer ; elle n'a aucune ressource dans les cœurs des peuples ; elle a lassé et irrité tous les corps de l'état ; elle contraint tous les membres de ce corps de soupirer après un changement. Au premier coup qu'on lui porte, l'idole se renverse, se brise, et est foulée aux pieds. Le mépris, la haine, la crainte, le ressentiment, la défiance, en un mot, toutes les passions se réunissent contre une autorité si odieuse. Le roi, qui, dans une si vaine prospérité, ne trouvoit pas un seul homme assez hardi pour lui dire la vérité, ne trouvera dans son malheur aucun homme qui daigne ni l'excuser ni le défendre contre ses ennemis. FENELON.

reux, le grand comte de Warwick, et regardoit comme au des-
sus de la plus grande gloire humaine d'être
le *faiseur de rois*, parce qu'il fit et
défit des rois à sa volonté. Nous voyons
par l'histoire, qu'il abattit d'abord la maison de Lancastre, renversa de son trône et
enferma dans une prison Henri V, roi d'Angleterre, pour élever la maison d'Yorck
dans la personne d'Edouard VI. Il le déposa
ensuite, le chassa de son pays, et rendit la
couronne au même Henri qu'il avoit opprimé. On demande pourquoi cette révolution, et comment elle s'est opérée? On
auroit pensé qu'il ne pouvoit y avoir de
réconciliation entre lui et la maison de
Lancastre, qu'il avoit si cruellement humi-
lié en détrônant Henri et en le tenant en
prison; mais on cessera d'être étonné, si
l'on considère que Warwick devint tout à
coup mécontent des changemens qu'il avoit
faits, parce qu'ils ne répondoient point au
but qu'il s'étoit proposé dans cette entreprise, et que ceux qu'il regardoit comme
ses inférieurs, partageoient les bonnes
graces et la faveur d'Edouard : alors cédant
à la jalousie impatiente de son caractère, il
se hâta de détruire ce qu'il avoit fait, et

renversa le nouveau gouvernement pour rétablir l'ancien.

Ce trait d'histoire nous apprend combien il est dangereux, après une révolution, de confier à un seul homme un trop grand commandement ou une place trop élevée ; cet homme, ainsi que Warwick, est toujours disposé, soit par mécontentement, soit par ambition, à abuser de l'autorité qui lui est confiée ; il ne dédaignera pas d'en venir à son but, si, comme Warwick, il est le maître de retourner vers le prince qu'il a déposé, et de lui faire accepter, pendant sa captivité, tout ce qui peut assurer et perpétuer dans ses mains l'exercice du pouvoir suprême. Le roi ne l'est que de nom ; il l'est lui-même *de facto* ; ses anciens amis restent en proie à la honte et aux remords ; il les oublie, comme fit Warwick, pour satisfaire l'homme couronné qu'il gouverne, et pour donner un libre cours à son ambition tyrannique.

Combien donc il importe à un état qui passe rapidement du despotisme affreux qu'il vient d'anéantir sur les hauteurs de la liberté, de veiller et de s'opposer à ce qu'il se présente un autre Warwick.

Fin de l'Introduction.

CONSTITUTION
D'UN
ÉTAT LIBRE.

PREMIÈRE PARTIE.

Les Romains ayant secoué le joug de la
tyrannie des rois, et reconnu enfin que la
liberté ne pouvoit se maintenir que par la
convocation régulière des assemblées solemnelles du peuple, mirent tous leurs soins
à assurer à la république la jouissance éternelle de ce bienfait : c'étoit en effet la seule
barrière qu'ils pussent opposer au retour des
rois ; c'étoit le plus sûr moyen de s'opposer
aux usurpations, de se tenir en garde contre
les sourdes menées de ceux qui conservoient des dispositions favorables à la tyrannie.

Le rostrum (tribune aux harangues) re-
tentissoit des éloges de la liberté (a); les

(a) Différemment des républiques modernes, où l'on
ne parle que d'arts, de commerce, des richesses;

augures trouvoient la liberté écrite dans les
entrailles des victimes ; ils la voyoient dans
le vol de cet oiseau d'heureux présage , de
l'aigle qui fixe le soleil, étendant ses ailes
au dessus du capitole. Le peuple, dans ses
discours, ne respiroit que la liberté; il répétoit son nom, et s'en servoit comme d'un
bouclier contre toutes les attaques de la
tyrannie. Ce ne fut pas sans raison que ce
peuple brave et actif devint si jaloux , si
ardent pour la conservation de la liberté ,
lorsqu'il l'eut enfin conquise. Il considéra

---

les anciennes républiques parloient, avant toutes choses, de gouvernement, de législation, de patrie, ce
mot si touchant, si expressif, si cher pour qui-
conque a un cœur ; et la liberté , ce mot presque
oublié ailleurs. Athènes et Rome , en le gravant dans
tous les cœurs, le faisoient retentir de toutes parts ;
il présidoit aux festins de même qu'aux combats,
aux jeux aussi bien qu'aux affaires. Dans les places
publiques , il assembloit et ravissoit la multitude ;
dans les maisons privées , il faisoit les délices ; et ,
comme la principale richesse de chaque famille , on
l'y entendoit plus souvent que celui même de père,
de fils et d'époux ; l'enfant le bégayoit au berceau ;
le vieillard le prononçoit avec chaleur au lit même
de la mort ; c'étoit, pour ainsi dire, le cri de l'état;
après le nom des dieux, il n'en étoit pas de plus connu
ni de plus révéré. M. CERUTTI.

combien

combien son gouvernement étoit doux et préférable à tous les autres, quand il est maintenu dans de justes bornes. C'est donc une vérité incontestable, que le peuple, ou plutôt les citoyens choisis successive-ment pour représenter le peuple, sont les meilleurs gardiens de la liberté.

Nous prouverons cette vérité par les rai-sons suivantes.

PREMIÈRE RAISON. Le peuple ne pense jamais à envahir les droits d'autrui; il ne s'occupe que des moyens de conserver les siens. Il n'en est pas ainsi des rois et des grands; toutes les nations du monde en ont eu de funestes preuves; car, du cercle de la domination dans lequel ils se meuvent, comme dans leur sphère, ils se persuadent qu'il est de leur sagesse et de leur politique d'exercer sur le peuple un empire absolu. Suétone nous apprend que César, Crassus, et un autre patricien, *Societatem iniére, ne quid ageretur in republicá quod displi-cuisset ulli è tribus,* convinrent qu'ils ne laisseroient rien faire dans la république qui pût déplaire à l'un d'eux. Tel étoit encore le triumvirat d'Auguste, de Lépide et d'An-toine, qui partagèrent le monde entre eux :

Tome I. C

ils suivirent la même route que les premiers leur avoient tracée, et ils élevèrent un trône à la tyrannie, sur les ruines de la liberté de leur pays ; ils conservoient, détruisoient, opprimoient et élevoient selon qu'il leur plaisoit, et au hazard : mais aussi long-tems que l'autorité resta entre les mains du peuple, le citoyen, l'ambitieux seul excepté, vécut en sûreté ; aucun homme ne pouvoit être privé de sa fortune ou de sa vie, que l'on n'eût donné au monde des raisons suffisantes pour sa condamnation (*a*).

(*a*) Veut-on trouver des exemples de la protection que l'état doit à ses membres, et du respect qu'il doit à leurs personnes ? ce n'est que chez les les plus illustres et les plus courageuses nations de la terre qu'il faut les chercher, et il n'y a guère que les peuples libres où l'on sache ce que vaut un homme. A Sparte, on sait en quelle perplexité se trouvoit toute la république, lorsqu'il étoit question de punir un citoyen coupable. En Macédoine, la vie d'un homme étoit une affaire si importante, que, dans toute la grandeur d'Alexandre, ce puissant monarque n'eût osé, de sang froid, faire mourir un Macédonien criminel, que l'accusé n'eût paru pour se défendre devant ses concitoyens, et n'eût été condamné par eux. Mais les Romains se distinguèrent au dessus de tous les peuples de la terre par les égards du gouvernement

SECONDE RAISON. Le peuple est le meilleur gardien de sa liberté, parce que c'est à
lui seul qu'il importe de veiller à ce que
l'autorité soit telle, qu'elle devienne plutôt
un fardeau qu'un bien réel pour ceux qui
en sont revêtus, et qu'ils y trouvent des
avantages si modérés, qu'ils ne puissent jamais exciter l'envie. La conséquence de ce
que nous venons de dire, est que le citoyen honnête, généreux, animé par le patriotisme le plus pur, enviera seul l'autorité comme un instrument heureux entre
ses mains pour opérer le bien général (a).

---

pour les particuliers, et par son attention scrupu-
leuse à respecter les droits inviolables de tous les
membres de l'état. Il n'y avoit rien de si sacré que
la vie des simples citoyens; il ne falloit pas moins
que l'assemblée de tout le peuple, pour en condam-
ner un. Le sénat même, ni les consuls dans toute
leur majesté, n'en avoient pas le droit; et chez le
plus puissant peuple du monde, le crime et la peine
d'un citoyen étoit une désolation publique : aussi
parut-il si dur d'en verser le sang pour quelque
crime que ce pût être, que, par la loi *Porcia*, la
peine de mort fut commuée en celle de l'exil, pour
tous ceux qui voudroient survivre à la perte d'une
si douce patrie. J. J. ROUSSEAU.

(*a*) Il est impossible qu'aucun établissement, quel

Dans l'enfance de la liberté Romaine, on ne briguoit pas les voix ; on choisissoit des hommes simples et d'un cœur droit ; on les conjuroit, on les forçoit en quelque manière par des importunités, d'accepter les rênes du gouvernement. Ils les refusoient, parce qu'ils ne se dissimuloient pas tous les soins et toutes les peines inséparables des emplois de la république. Cincinnatus quitta la charrue, pour être revêtu de la suprême dignité de dictateur. Le généreux Camille, Fabius et Curius abandonnèrent avec la plus grande peine les travaux paisibles de la campagne, pour se livrer aux pénibles fonctions du gouvernement de la république ; et à peine l'année de leur consulat étoit-elle finie, qu'ils s'en retournoient avec une vive satisfaction à leurs premiers travaux.

---

qu'il soit, puisse marcher selon l'esprit de son institution, s'il n'est dirigé selon la loi du devoir ; le plus grand ressort de l'autorité publique est dans le cœur des citoyens, et rien ne peut suppléer aux mœurs pour le maintien du gouvernement. Non seulement il n'y a que les gens de bien qui sachent administrer les loix, mais il n'y a dans le fond que d'honnêtes gens qui sachent leur obéir. J. J. ROUSSEAU,

TROISIÈME RAISON. Le peuple, au moyen du choix successif de ses représentans dans ses grandes assemblées, conserve la liberté, parce que, dans les sociétés civiles, comme dans les corps politiques, le mouvement empêche la corruption (*a*).

Cette vérité paroîtra dans tout son jour, si nous considérons les effets de tous les pouvoirs permanens, depuis le premier jusqu'au dernier, dans la république Romaine; car, aussi long-tems que le peuple fut gouverné par une autorité continuée dans les mains de plusieurs ou d'un seul, il fut toujours en danger de perdre sa liberté, quelquefois même exposé à la voir anéantir pour jamais par l'ambition de ceux qui aspiroient à la royauté, tels que Mœlius, Man-

---

(*a*) Un homme habile dans la connoissance du cœur humain, se gardera bien d'aspirer à un repos qui pétrifie les citoyens, et qui détruit nécessairement les loix. Laissons cette sottise à un despote qui ne peut se résoudre à abandonner le pouvoir arbitraire dont il jouit, et qui, ne pouvant se dissimuler les dangers auxquels il est exposé, ne sent que sa petitesse au milieu de sa grandeur, et craint tout ce qui l'environne. Il faut du mouvement dans le corps politique; ou ce n'est qu'un cadavre. L'ABBÉ DE MABLY.

lius, et tant d'autres. Le même malheur pouvoit encore arriver par l'association des grands (ou par une faction qui formât un intérêt particulier et distinct de celui du peuple), qui disposoient les choses avec tant d'art, que partie par leurs propres forces, partie par les avantages que leur donnoit leur autorité pour gagner et soumettre ceux qu'ils avoient intérêt de plier à leur volonté, pour influer dans les conseils au gré de leur caprice, ils s'assujettissoient les plus foibles ; de sorte que tous étoient forcés de courber sous le joug des grands, ou d'en être opprimés. Ainsi s'éleva subitement le pouvoir tyrannique des décemvirs (*a*), quand dix hommes se réunirent pour enchaîner à la fois le sénat et le peuple. Enfin, en continuant trop long-tems le pouvoir dans les mêmes mains, les Romains furent assujettis successivement sous l'autorité de deux triumvirats d'empereurs, qui ne cessèrent de s'attaquer l'un l'autre,

---

(*a*) On vit manifestement, pendant le tems que dura la tyrannie des décemvirs, à quel point l'agrandissement de Rome dépendoit de sa liberté ; l'état sembla avoir perdu l'ame qui le faisoit mouvoir. *Grandeur et Décadence des Romains.*

jusqu'à ce que César et Auguste s'étant dé-
faits de leurs rivaux, soumirent leur pays
à la domination d'un seul.

S'il en étoit ainsi parmi les Romains,
quel sera donc le bonheur d'une nation qui
a donné au pouvoir absolu des bornes équi-
tables par la succession de l'autorité suprême dans les mains du peuple ? Combien
ne doit-elle pas jouir de la sagesse et de la
justice de ses représentans ?

QUATRIÈME RAISON. La succession du
pouvoir suprême, non seulement empêche
la corruption, mais encore détruit l'esprit
de faction (cette peste des républiques),
qui se forme un intérêt séparé et contraire
à celui de l'état. Avant que de réussir dans
leurs projets, les factieux, pour s'assurer
de leurs moyens et de leurs créatures, sont
obligés de dissimuler, afin d'écarter sourdement et avec adresse tous ceux qui leur
sont opposés ; il faut à ces factieux, avant
d'éclater, un certain laps de tems ; or la
révolution successive du pouvoir dans les
mains des représentans du peuple : est un
sol mouvant, qui renverse tous les projets
conçus par l'ambition et par la tyrannie.

L'évidence de cette vérité est prouvée,

C 4

non seulement par la raison, mais encore par les faits. Observons les différentes factions qui s'élevèrent successivement dans e gouvernement de Rome. Qui rendit les rois si audacieux, qui les autorisa à entreprendre sur les droits du peuple et à le tyranniser ? Ce fut le même motif qui enorgueillissoit ci-devant les rois en Angleterre, la continuation du pouvoir dans leurs mains et dans celles de leurs familles.

Les Romains étant devenus libres, la même raison ne fit-elle pas naître des rivalités et des dissentions dans le sénat ? Appius Claudius et sa faction avoient-ils besoin d'autres moyens pour le subjuguer ? Comment Sylla et Marius ont-ils ordonné tant de proscriptions et de cruautés ? Comment ont - ils mis Rome en combustion ? Ne fut-ce pas par la permanence extraordinaire du pouvoir (*a*) ? Comment arriva-t-il que César brigua et obtint enfin

---

(*a*) Il est impossible à tous les efforts de l'esprit humain, d'empêcher qu'une magistrature perpétuelle n'acquière à la longue et insensiblement un poids prépondérant..... L'empire absolu du magistrat sur le citoyen, et des loix sur le magistrat, est indispensable pour parvenir à ce bonheur qui est la fin de la société. L'Abbé de Mably.

l'empire, que Rome perdit entièrement sa liberté ? N'est-ce pas encore par le même moyen ? Si le sénat et le peuple n'eussent pas prolongé le pouvoir de Pompée et de César ; si Pompée eût eu moins d'autorité en Asie, et César dans la Gaule, Rome auroit conservé plus long-tems sa liberté (*a*).

Après la mort de César, il est probable que les Romains auroient recouvré leurs droits, s'ils ne fussent tombés dans la même erreur qu'auparavant, en continuant le pouvoir dans les mains d'Octave, de Lépide et d'Antoine. La république fut de nouveau divisée en trois différentes factions ; deux de ces factions ayant été affoiblies l'une par l'autre, Octave resta seul. Considérant alors que le titre de dictateur perpétuel avoit été funeste à son père, il ne demanda le gouvernement que pour un tems, et se le fit accorder pour dix ans. Mais quel fut l'effet de cette continuation de pouvoir ? La première prolongation avoit occasionné des factions ; celle-ci produisit la tyrannie.

(*a*) Rome, dans son plus bel âge, vit naître dans son sein tous les crimes de la tyrannie, et se vit prête à périr, pour avoir réuni sur les mêmes têtes l'autorité législative et le pouvoir souverain. J. J. ROUSSEAU. *Contrat social : Du Législateur.*

A la fin de chaque dix années, Octave ne manquoit point de prétextes pour renouveler le bail du gouvernement, et sa conduite fut si adroite, qu'il dissipa aisément et sans retour les foibles restes de la liberté Romaine.

Le seul moyen qu'ait un peuple de se maintenir dans un état de liberté, et d'éviter les fatales conséquences de la faction et de la tyrannie, est donc d'entretenir le pouvoir par le choix successif et régulier de ses représentans : telle est la règle qu'une république sage doit se prescrire ; sans cette règle, aucune nation ne peut se conserver long-tems libre (*a*). Combien donc sont

---

(*a*) L'amour de la patrie, né de l'égalité, fortifié par l'éducation, prenoit son dernier et plus grand accroissement, des assemblées publiques, si fréquentes à Rome et à Athènes. Au milieu de ces assemblées, la patrie étoit comme dans un temple, où elle recevoit l'hommage et les vœux de ses adorateurs ; c'est là qu'on venoit lui sacrifier son cœur, à la face de toute la république ; là qu'on encensoit ses autels, et que l'on couronnoit sa statue ; que triomphoient ses héros, et que s'expliquoient ses oracles ; là que, dans le silence des passions particulières, la passion générale parloit également à tous les citoyens ; là que l'orateur avoit un peuple à conduire, un

dignes d'estime et d'admiration, la sagesse, la piété, la justice et le désintéressement de ces chefs d'états libres, qui ont été et seront, dans tous les tems disposés, à abandonner leur commandement avec autant d'empressement qu'ils l'avoient accepté, et qui ont eu la générosité de mettre des bornes à leur propre pouvoir ! Ce fut par une semblable conduite que Brutus devint si fameux dans le commencement de la république Romaine, et que l'histoire nous a conservé le souvenir si touchant et si honorable de Scipion, de Camille, de Virgi-

---

empire à soutenir ; là que s'élève enfin le trône de l'égalité, et par conséquent la véritable place pour l'amour de la patrie.....

L'enthousiasme patriotique y étoit ou y devenoit bientôt général. Les ames les plus froides, les plus insensibles, ne tardoient pas long-tems à s'animer, à s'enflammer au milieu d'un peuple d'ames brûlantes et passionnées à l'excès pour la patrie ; le feu gagnoit de proche en proche, et bientôt ce n'étoit plus qu'un vaste et merveilleux incendie, d'où l'on aportoit chez soi avec les plus vives flammes de vertus, un zèle ardent et capable de tout dire comme de tout faire, pour l'idole à qui l'on venoit de se dévouer. M. CERUTTI.

nié ; tandis que les décemvirs , Sylla (*a*), César , et les autres usurpateurs , sont aussi odieux dans les fastes de Rome , que les noms de Richard III et de Charles IX le seront dans tous les siècles à venir.

Cinquième raison. La liberté consiste à ne confier le pouvoir qu'aux représentans successifs du peuple (*b*), parce que cette succession est un obstacle à l'ambition des

---

(*a*) Sylla, qu'on nommoit l'heureux, le fut trop contre sa patrie , que sa dictature tyrannique mit en servite. Bossuet.

(*b*) Un des plus grands inconvéniens des grands états, celui de tous qui y rend la liberté le plus difficile à conserver, est que la puissance législative ne peut s'y montrer elle-même, et ne peut agir que par députation. Cela a son mal et son bien ; mais le mal l'emporte. Le législateur en corps est impossible à corrompre, mais facile à tromper. Les représentans sont difficilement trompés, mais aisement corrompus, et il arrive rarement qu'ils ne le soient pas. Vous avez sous les yeux l'exemple du parlement d'Angleterre ; et par le *liberum veto*, celui de votre propre nation. Or on peut éclairer celui qui s'abuse ; mais comment retenir celui qui se vend ? Sans être instruit des affaires de Pologne , je parierois tout au monde, qu'il y a plus de lumières dans la diète, et plus de vertus dans les diétines. J. J. Rousseau. *Gouvernement de Pologne.*

particuliers, à toutes les tentations de l'intérêt personnel. Il faut du tems pour réussir dans les desseins que l'on a formés,
pour créer ou pour encourager une faction.
Il faut que ces desseins restent long-tems
dans un état de fermentation, si l'on veut
atteindre le but désiré.

L'histoire Romaine nous fournit une
preuve de cette assertion. Tant que l'autorité fut renfermée dans l'enceinte d'un
sénat permanent, les membres qui le composoient, occupés uniquement de leur avantage personnel, négligèrent tout ce qui
pouvoit contribuer au bien général ; en peu
de tems la chose publique devint une possession particulière. Dès-lors le peuple,
privé de tous les droits, à l'exercice de la
souveraine autorité, exclu des honneurs,
dépouillé de ses biens et de sa liberté, se
trouva tout-à-coup réduit à la plus affreuse
pauvreté. On vit de tous côtés et successivement s'élever des querelles et des dissentions civiles ; tout étoit en combustion ; les
grands avoient eu le tems de se concerter
et de s'unir pour attirer tout à eux. Le
peuple se vit forcé de vivre d'emprunts ; et
lorsqu'il ne put plus davantage emprunter,

il se révolta et abandonna la ville ; il ne s'appaisa pas que tous les comptes n'eussent été regardés comme acquittés, et ce ne fut qu'avec beaucoup de peine que Menenius Agrippa réussit à le persuader par son excellente fable de la révolte des membres contre l'estomac.

La première insurrection fut occasionnée par l'avarice et les exactions des grands, qui avoient tout envahi ; de même la seconde prit également sa naissance dans le gouvernement des décemvirs. Ceux - ci ayant été choisis pour rendre la justice suivant les loix, s'occupèrent, avec une attention particulière, à fortifier leur autorité, et à s'agrandir par les trésors qu'ils amassoient, créant de nouveaux emplois, et ne disposant de tous ceux de la république qu'en faveur de leurs parens et de leurs alliés : ils augmentèrent si fort leur crédit, qu'ils gouvernèrent en tyrans absolus ; ils opprimoient ou élevoient ceux qui leur plaisoient, sans avoir égard au mérite ou à l'insuffisance, au vice ou à la vertu. Enfin, s'étant rendus les maîtres de tout, ils commandoient aux sénateurs avec autant d'empire qu'au peuple même.

L'histoire des peuples modernes nous offre une foule d'exemples récens des inconvéniens de la permanence du pouvoir dans les mains d'un seul ou de plusieurs *(a)*.

En rendant un libre hommage aux premiers fondateurs de la liberté Romaine, pour avoir expulsé les rois, nous dirons qu'ils manquèrent leur objet en établissant à Rome une autorité permanente : ils divi-

---

(a) Mais depuis que la liberté a été naturalisée en France, depuis que l'esprit féroce du despotisme n'y a plus de partisans, et que ceux qui énuméroient les triomphes du pouvoir absolu par nos villes et nos provinces, sont fugitifs et dispersés, pourquoi retracerions-nous le tableau des crimes qu'ils méditoient? Ils ne sont plus, et nous régnons.

M. de Peyssonnel a dit : « Les individus, quelque grands qu'ils soient, sont trop petits vis-à-vis des grands intérêts de l'espèce humaine; leur dénonciation au tribunal de l'humanité ne répare ni leurs fautes, ni leurs erreurs, ni leurs crimes; les noms de ceux qui ont causé de grands maux, devroient être effacés de la mémoire des hommes; ils devroient disparoître, et se confondre dans la masse des calamités dont ils ont été les auteurs, comme l'étincelle qui enfante un embrasement, s'englobe et se perd dans la masse de l'incendie qu'elle a allumé. Le genre humain ne devroit se souvenir que de ses bienfaiteurs ».

sèrent les citoyens par la tentation des honneurs et du profit ; car (*a*) « l'équité, la vertu, l'intérêt même, ne tiennent point devant l'amour de la domination, et celui qui
sera juste étant le maître, n'épargne aucune injustice pour le devenir ». Leur prospérité fut de courte durée. Les sénateurs
devenus les chefs de la nation qui leur
avoit confié un pouvoir permanent, en
ayant usé sans modération pour leur avantage personnel, excitèrent souvent dans la
république la fureur du mécontentement
et de la division, qu'ils auroient pu prévenir en s'oubliant eux-mêmes, en rendant
l'état libre, et en plaçant le pouvoir dans les
mains du peuple, c'est-à-dire, de ses représentans successifs.

SixIÈME RAISON. Un état libre est préférable à un état gouverné par les grands et
les rois, et le peuple peut être regardé
comme le meilleur gardien de sa liberté,
parce que le but de tout gouvernement est

(*a*) On a cru devoir substituer ces belles paroles
de J. J. Rousseau, à celles de notre auteur, qui
dit : (*Wich are sails too big for any human bulk.*) ;
ce que je rendrai par ces mots : « Toujours trop
puissante pour la généralité des hommes ».

ou

[...] le bien et la tranquillité [...] [...] la jouissance assurée de ses [...] contrainte ni oppression. Un [...]re peut, avec plus de sagesse et [...]nce que les rois, recourir aux re-[...] qui conviennent à ses maux, pour en [...]tuer les excès, les supporter avec fier-[...] vaincre par sa constance, ou les sur-[...]ter par son courage (*a*). Un peuple

---

[...] Un peuple souverain, qui fait lui-même les [...] auxquelles il se soumet, obéiroit bientôt à un [...]narque absolu, ou à quelques familles privilégiées, [...] besoit d'affermir continuellement sa liberté, et [...] réparer les torts insensibles qu'on fait à sa cons-[...]tution; car les magistrats établis pour veiller à l'exé-[...]tion des loix, ont un avantage considérable sur [...] simples citoyens, souvent distraits de la chose [...]que, et qui doivent obéir. Ne doutez donc pas, [...] forte raison, que si les sujets d'une monar-[...] telle, par exemple, que la France, sont assez [...] pour s'abandonner sans précaution au [...] des événemens et des passions, le despotisme, [...] en jour plus libre dans ses entreprises, ne [...] des progrès continuels. L'abbé DE MABLY.

[...] pensez pas, FRANÇAIS, que vous soyez par-[...] à anéantir tellement le despotisme, que la [...] de l'abbé MABLY ne vous soit, ni pour le [...] présent, ni pour l'avenir, ainsi que toutes celles de [...]rchamont Needham, d'aucune utilité. Voulez-vous

Tome I.   D

libre voit d'abord où le gouvernement dé-
joüé languit et périclite, comment et quand
il devient nuisible : il distingue ceux qui
veulent dominer, les moyens dont ils font
usage, et seul parmi tous les peuples de la
terre, il s'oppose à ceux qui osent s'élever
au dessus de lui ; il les voit, il se montre ;
l'égalité première devient leur asyle. Il est
donc juste qu'il veille à ce que personne
n'ait part à l'autorité suprême, que ceux
qu'il a choisis, qui rentreront dans la même
condition que lui, et qui éprouveront les
bénéfices ou les charges des loix comme le
reste du peuple. Le but d'une pareille cons-

---

savoir, Français, quelles sont les forces et les moyens
des ennemis de la liberté ? ils exagèreront avec adresse
le moindre des inconvéniens du régime actuel; ils
sèmeront la division parmi vous ; ils s'efforceront de
vous faire regretter leur joug ; et le bienfait de la
liberté, qui est un joug pour les tyrans, sera ca-
lomnié par ceux-là mêmes qui vous opprimoient. Ce
que les grands vous donnoient, *et qu'ils osent appeler des secours généreux et abondans*; ces hommes SI BIENFAISANS le recevoient eux-mêmes des bienfaits du monarque, qui ne possède rien qui ne vous
appartienne, et dont vous ne vous soyez privés.
Note du Traducteur.

titution est de ne mettre aucun impôt (*a*)
qui ne soit commun et qui n'ait été approuvé par le consentement général, non pour
satisfaire les désirs de quelques individus ,
mais seulement pour subvenir aux besoins
de la patrie. Lorsqu'un seul ou plusieurs
particuliers conservent trop long-tems l'autorité suprême, placés au dessus de la
moyenne région du peuple, ils trouvent un
abri contre la fureur des vents et la violence des tempêtes, qui tourmentent et

(*a*) Si l'on examine comment croissent les besoins
d'un état, on trouvera que souvent cela arrive à
peu près comme chez les particuliers, moins par
une véritable nécessité, que par un accroissement
de désirs inutiles, et qui souvent n'augmente la dé-
pense, que pour avoir un prétexte d'augmenter la
recette ; de sorte que l'état gagneroit quelquefois à
se passer d'être riche, et que cette richesse apparente lui est au fond plus onéreuse que ne le seroit la pauvreté même. On peut espérer, il est vrai,
de tenir les peuples dans une dépendance plus étroite,
en leur donnant d'une main ce qu'on leur a pris
de l'autre ; mais ce sophisme est d'autant plus funeste à l'état, que l'argent ne rentre plus dans les
mêmes mains dont il est sorti, et qu'avec de pa-
reilles maximes on n'enrichit que des fainéans de la
dépouille des hommes libres. J. J. ROUSSEAU.

dévastent la partie inférieure du monde ;
mais quand, par la révolution successive de
l'autorité, ils doivent être dépouillés de leur
divinité terrestre, et qu'ils retournent dans
la condition des autres mortels, ils res-
sentent plus fortement et plus vivement le
poids qu'ils sont obligés de supporter (*a*).

(*a*) La société n'a été formée que pour ôter aux
passions le venin dangereux qu'elles portent, donner du crédit à la raison en affermissant l'empire
des loix, et, par ce moyen, prévenir également l'a-
narchie et la tyrannie, et composer ainsi un trésor
de bonheur public où chaque citoyen et chaque magistrat puise son bonheur particulier.

Si on avoit disposé un gouvernement de manière
que les passions ne fussent réprimées que dans une
partie des citoyens, ne saute-t-il pas aux yeux que
cette police seroit détestable? Que résulte-t-il de là?
Vingt conséquences, dont voici la dernière : que tout
gouvernement où les magistratures sont héréditaires,
ou seulement à vie, est diamétralement opposé à
la fin que doit se proposer la société. Il renferme
nécessairement un vice radical, qui gâte, infecte et
corrompt toutes les institutions particulières, quelque bonnes qu'elles puissent être en elles-mêmes.
Faites-vous un tableau des folies et des misères de
l'humanité, examinez la marche de nos passions,
consultez l'histoire, et concluez ensuite ; je suis certain que vous ne balancerez pas à regarder comme

La plus grande obligation que l'on puisse imposer à un homme chargé du soin des affaires publiques, c'est qu'il ne fasse rien à quoi il ne doive participer, soit en bien, soit en mal; car, quelque bon patriote qu'il puisse être, si son pouvoir est prolongé, il lui sera difficile de se vaincre lui-même, et de ne se pas porter à quelque dérèglement pour son avantage particulier : mais si au contraire il doit rentrer dans la classe commune, l'intérêt personnel l'oblige à ne rien faire que de juste, puisqu'il doit lui-même éprouver le bien ou le mal de ce qui aura été fait, aussi bien que le peuple (*a*).

----

une vérité certaine dans tous les temps et dans tous les pays, que la magistrature, ou l'exercice de la puissance exécutrice, ne doit être conférée que pour un temps limité : cet établissement doit donc être l'objet que doit se proposer tout bon citoyen. L'ABBÉ DE MABLY.

(*a*) Les passions, ces ennemies éternelles de l'ordre public, parce qu'elles portent toujours chaque individu à ne voir et à ne sentir que son intérêt particulier, ne seront ni réprimées ni dirigées avec sagesse dans une société, si la loi ne confie pas aux magistrats une force et une puissance auxquelles le citoyen ne puisse résister. Réfléchissez-y avec attention, et vous verrez que de ce défaut sont nés tous

Voilà sans doute la manière la plus juste, la plus noble et la plus excellente

les désordres anarchiques de ces républiques anciennes et modernes, où les citoyens, ne sentant pas assez le poids des loix et des magistrats, sont devenus inquiets, et confondant, dans leur indocilité, la liberté avec le caprice des mœurs et la licence de tout faire, ont précipité la chûte de l'état. Mais si vos magistrats ont ce pouvoir étendu dont je parle, je vous prie de me dire comment vous vous y prendrez, à votre tour, pour réprimer et régler leurs passions, quand ils possèderont leur magistrature à vie, ou qu'elle sera devenue le patrimoine de leur famille. Par-tout, dans tous les tems, c'est la magistrature héréditaire, ou simplement à vie, qui a changé en despotisme et en tyrannie le pouvoir d'abord le plus étroitement limité. Peut-on connoître le cœur humain et en douter un moment ? Entassez précautions sur précautions pour empêcher que votre magistrat éternel n'abuse de sa puissance, et dans peu vous verrez que si les citoyens ne peuvent lui désobéir, il fera lui-même violence aux loix ; elles deviendront les ministres et les instrumens de son avarice, de son ambition, ou de sa vengeance. Les droits que vous lui avez accordés lui serviront à usurper ceux qu'il ambitionne. On le forcera à manquer de modestie et de modération : des citoyens assez imbécilles pour oublier leur dignité, et se croire en effet inférieurs à un homme qui ne peut plus rentrer dans leur classe, échaufferont ses passions par leurs bassesses, leurs complaisances et leurs flatteries. L'ABBÉ DE MABLY.

pour rendre un état LIBRE, et pour qu'il jouisse de sa liberté. L'histoire ancienne nous en fournit encore des preuves. En quel tems les sénateurs, à Rome, ont-ils été meilleurs patriotes, que lorsqu'ils furent soumis à l'autorité des rois, et qu'ils portoient, avec le reste du peuple, le poids de leur fierté, A peine eurent - ils secoué le joug des rois, et se furent-ils emparés du pouvoir suprême (qu'ils transmirent à leurs descendans), qu'ils tombèrent dans les mêmes erreurs que leurs souverains, et rendirent ce joug encore plus insupportable que le premier. Le peuple ne put trouver de remède que dans la création devenue nécessaire de ces tribuns (a), qui étant

____

(a) Quels biens les querelles éternelles des patriciens et des plébéiens n'ont-elles pas produits autrefois dans la république Romaine ? Si le peuple avoit préféré le repos à tout, il auroit été bientôt esclave de la noblesse, et nous ignorerions aujourd'hui jusqu'au nom des Romains. Leurs divisions, au contraire, portèrent le gouvernement au plus haut degré de perfection ; elles excitèrent l'émulation entre les citoyens. Les loix seules régnèrent, des ames devinrent fortes ; et voilà ce qui fait la force des états. Aucun talent ne fut perdu ; le mérite perçoit, se mettoit à la place qui lui étoit due, et la

revêtus d'une autorité momentanée, par le
choix du peuple, n'oublioient point leur
condition, et servoient comme de modéra-
teurs entre le pouvoir des grands et les
droits du peuple.

Quel homme fut plus animé de l'amour
de sa patrie, que Manlius, jusqu'à ce que
le tems et les avantages du commandement
l'eussent corrompu ? Qui parut d'abord
plus généreux, plus doux, et mieux disposé
pour le bien public, qu'Appius Claudius ?
Mais son pouvoir lui ayant été conservé, il
perdit bientôt son innocence et son intégrité, pour se livrer à tous les excès d'une
tyrannie absolue. C'est par cette raison
même que, quand le sénat, pour quelques
vues particulières, voulut prolonger le tems
du consulat dans la personne de Lucius
Quintius, ce citoyen généreux s'y refusa,
et aima mieux agir d'une manière directe-
ment contraire à ses intérêts, que de permettre que l'on donnât un exemple aussi
préjudiciable à la liberté de Rome, en laïs-
sant entre ses mains l'exercice du pouvoir

---

république, pleine de bons citoyens et de grands
hommes, fut heureuse au dedans et respectée au
dehors. L'ABBÉ DE MABLY.

plus long-tems que la loi ne l'avoit prescrit.

Septième raison. Les assemblées suprêmes et successives du peuple sont les meilleurs moyens d'entretenir la liberté ; par cette raison que, dans tous les autres modes de gouvernement, les seuls qui puissent y avoir accès, sont ceux qui consentent à se prêter à la volonté et au moindre caprice du prince, ou ceux qui entrent comme intéressés ou comme agens dans quelque faction puissante. Dans un gouvernement populaire, la porte des dignités est au contraire ouverte à tous ceux qui parviennent jusqu'au seuil par les degrés du mérite et de la vertu ; et c'est ce qui produit dans les états libres cette noble et généreuse émulation qui nous fait concevoir les plus beaux desseins, et qui nous porte aux actions les plus héroïques (*a*).

(*a*) Semblable à ces plantes qui demandent, pour croître, le sol le plus fécond et le climat le plus favorable, ce n'est, si j'ose le dire, que sous le climat fortuné de la gloire, sur le sol bienfaisant des honneurs, qu'on peut espérer de voir l'éloquence germer et fructifier. Telles étoient Rome et Athènes, sur ces deux théatres chéris de la liberté. L'éloquence, sa compagne et son soutien, en secon-

Nous trouverons encore dans l'histoire
Romaine une preuve de cette assertion,

---

dant ses travaux, partageoit son triomphe : et quel
triomphe ! L'hommage et les acclamations de tout
un peuple non moins éclairé qu'indépendant, ou,
si l'on veut, le cri et le concert unanime d'une admiration universelle, avec le tribut si flatteur encore de
l'amour et de la reconnoissance ; une renommée
éclatante, étendue, immortelle ; et, ce qui touche
infiniment plus un citoyen, la confiance publique,
le seul despotisme qui puisse s'allier avec la liberté
et l'humanité, celui qui s'exerce par la persuasion ;
un passage naturel et rapide aux premiers postes de
l'état ; les prérogatives les plus désirables ; les titres
les plus recherchés ; les monumens les plus augustes ;
le sceptre même du gouvernement ; tous les trésors
enfin et toutes les palmes de la gloire : voilà la récompense ordinaire, et comme le prix qu'on y pro-
posoit aux orateurs ; voilà la perspective offerte à
leur ambition dès l'entrée de la carrière.

Quel point de vue plus capable d'émouvoir,
d'animer, de précipiter le sentiment ? Quel spectacle plus attrayant pour l'éloquence, que celui
d'un Périclès appaisant et soulevant à son gré,
pendant près de neuf lustres, le génie volage autant qu'impérieux d'Athènes ; que celui d'un Dé-
mosthène recevant des mains de la patrie, et à la
face de toute la Grèce, une couronne d'autant
plus précieuse, que, décernée par la reconnoissance, elle lui fut disputée en vain par la jalou-

sóus le gouvernement des rois ; nous ne
voyons pas que cette nation se soit distin-
guée par ses exploits. Le courage et la valeur étoient, pour ainsi dire, renfermés
dans l'enceinte de Rome ; les Romains pé-
rissoient sous les coups de leurs ennemis.
Lorsque l'autorité des rois fit place à celle
des sénateurs, les Romains s'efforcèrent de
prendre leur essor ; mais tout ce qu'ils
purent faire d'abord, fut de se défendre
contre les efforts des Tarquins bannis, et
de quelques nations voisines, qui envioient
le foible agrandissement de leur pouvoir.

---

sie ; que celui d'un Demetrius, que l'amour et l'admiration reproduisent de tous côtés en airain, et
placent, dans un même jour, sur une infinité de
chars de triomphe ; que celui enfin d'un Cicéron
porté, de la tribune aux harangues, sur le siège du
consulat, et ajoutant le premier au titre superbe de
chef des Romains, le titre mille fois plus beau de
leur père ? Doit-on être surpris que pour atteindre la
même gloire, un peuple de concurrens embrassât les
mêmes travaux ; que les mêmes motifs produisissent
en eux les mêmes passions, et celles - ci les mêmes
efforts ? Doit-on être surpris qu'il s'élevât tant et de
si grands orateurs, là où tout grand orateur étoit
un grand homme, et où le premier des orateurs devenoit le premier des citoyens ? M. CERUTTI.

Lorsque l'état fut véritablement libre, et que le peuple jouit enfin du droit de participer au gouvernement, sans que les gens puissans osassent s'y opposer, ce qu'ils avoient fait jusqu'alors, il porta son ambition et ses armes au delà des bornes de l'Italie, et conçut le dessein de se rendre maître du monde.

Quand le chemin des honneurs étoit ouvert à tous, il n'y avoit point d'ouvrages publics, de conquêtes ajoutées à l'empire, que chaque Romain ne pensât que c'étoit par lui et pour lui, tant qu'il seroit vaillant et vertueux. Les alliances, l'amitié, l'esprit de faction, les richesses n'étoient point des titres; les talens, la valeur et la pauvreté vertueuse étoient préférés à tout. L'histoire Romaine nous apprend que la plupart des meilleurs patriotes, et des plus grands guerriers de ce tems, jouissoient d'une fortune médiocre; ils avoient un si grand désintéressement, qu'ils s'embarrassoient peu de s'enrichir et de se conserver dans les emplois de la république. On étoit obligé de faire leurs funérailles aux dépens du trésor public. Cincinnatus, homme sans fortune, quitta la charrue pour être élevé

à la dignité de dictateur. Il ne possédoit
que quatre arpens de terre, qu'il cultivoit
de ses propres mains , lorsque le consul
Romain se trouva, avec son armée , exposé
au plus grand péril , et environné de toutes
parts par les Eques , et que Rome voyoit
en effet le danger qui le menaçoit. Cincinnatus fut, d'une voix unanime , déclaré le
seul Romain capable de le délivrer. En
effet, il se conduisit avec tant de magnanimité, d'intégrité et de sagesse, qu'il arracha
le consul des mains de ses ennemis , qu'il
mit en fuite et défit entièrement. Il donna
une nouvelle naissance à la liberté de son
pays ; et après avoir rempli ses obligations
envers sa patrie , se démettant de l'autorité
qui lui avoit été confiée , il retourna à sa
vie paisible et laborieuse (a).

(a) Ainsi faisoient fortune ces généraux d'armées,
qui, après avoir reçu dans Rome les honneurs du
triomphe , revenoient cultiver leur champ , et attendre , aussi pauvres qu'auparavant , que la république
eût encore besoin de leurs bras. Ces vertus furent
aussi autrefois celles de nos ancêtres. De tous les
gouvernemens, pourquoi faut - il que l'argent soit
aujourd'hui le ressort unique ? Il ne devroit être
qu'un salaire. Pourquoi faut-il qu'il soit devenu la

Cet exemple nous paroîtroit étrange, si nous ne savions pas que de telles actions étoient ordinaires à Rome, tant que les vertus y régnèrent avec éclat. Nous lisons que Tarquin Lucius (qui n'étoit point de la famille des Tarquins, tyrans de Rome), doué des plus rares talens, quoiqu'il fût sans fortune, fut enlevé de sa chaumière pour être fait général de la cavalerie. Il surpassa, dans cet emploi, toute la jeunesse Romaine, par sa bravoure et ses exploits glorieux. Tel fut encore Attilius Regulus, le fléau de Carthage; et plusieurs de ces héros qui vinrent après lui, jusqu'au temps de Paulus Emilius. C'est à ses conquêtes que l'on doit attribuer le luxe qui sortit de l'Asie, son berceau, pour ve-

---

récompense la plus commune, et non seulement celle qui est acceptée sans honte par l'indigence, mais encore celle que la noblesse la moins pauvre se fait honneur de demander? Pourquoi faut-il qu'il n'y ait presque plus de service qui ne soit apprécié au poids de l'or? Malheur à la nation qui ne possédera pas d'autres valeurs dans son sein! Et Dieu nous préserve de ces hommes qui, insensibles à l'honneur de verser leur sang pour la patrie, ne demanderoient qu'en argent le prix de leurs blessures! M. MOREAU, *Discours sur la Justice.*

nir étaler ses charmes aux yeux des Romains, et anéantir les restes de la simplicité primitive et de l'intégrité du peuple. On doit cependant observer que, du temps de ce même Emilius, la sévérité des mœurs étoit telle, qu'un plat d'argent qui faisoit partie de la dépouille des ennemis, étant échu à l'un de ses gendres, qui avoit courageusement combattu dans cette guerre, fut regardé comme une très-grande récompense. L'historien de Rome observe que ce fut la première pièce d'argenterie qu'on avoit vue dans sa famille.

On peut conclure de ces observations, que si Rome n'a été florissante que lorsque le peuple fut libre, la liberté et la confiance publique ne se sont conservées qu'autant que les honneurs et les dignités ont été accordés uniquement au mérite ; et ce bonheur ne devoit exister que lorsque le peuple pouvoit donner librement sa voix pour élever aux emplois ou à la dignité de ses représentans, ceux qu'il en jugeoit les plus dignes. Tant que dura cette coutume, et que le mérite fut respecté, le peuple sut connoitre, jouir, conserver et accroître les avantages de sa liberté ;

mais quand le mérite fut négligé, et que les dignités devinrent le partage des protégés, la source des dignités commença à ne plus couler qu'avec la faveur et à la volonté de quelques personnages puissans, le vice et la flatterie étant seuls capables de donner des titres aux emplois : le peuple ne put conserver plus long-temps sa liberté ; il fut ainsi la victime du plus avide et du plus ambitieux.

HUITIÈME RAISON. Les assemblées du peuple sont seules capables de conserver la liberté, parce que c'est le peuple seul que cette liberté intéresse. Dans toute autre espèce de gouvernement, l'intérêt continuel et l'attention particulière des rois et des grands est de laisser ignorer au peuple en quoi consiste la liberté ; attentifs à ne lui laisser que l'apparence trompeuse de ce grand bien, ils lui en dérobent la réalité ; il n'en connoit que le nom !

Dans les états libres, au contraire, le peuple fait une distinction de son ancienne dépendance, avec la liberté dont il jouit ; il compare le passé avec le présent ; sa liberté est essentiellement liée à son intérêt ; tout ce qui l'environne lui dit de la défendre

défendre des atteintes dangereuses de l'ambition des nobles, et l'avilissement des peuples soumis lui inspire le désir de la conserver dans ses mains, avec toutes les prérogatives et tous les droits de la souveraineté (a).

La liberté doit être plus en sûreté dans les mains du peuple, que dans celles des grands, parce que le peuple y est le plus intéressé : rien ne peut satisfaire cet intérêt jaloux, que la garde constante que fait le peuple pour déjouer les manœuvres de ces

---

(a) Les passions les plus favorables au succès du despotisme, telles que la crainte, la paresse, l'avarice, l'amour des dignités et du luxe, sont aussi communes que le courage de l'ame, la modestie dans les mœurs, le goût de la frugalité, du travail et du bien public, sont rares.

Tandis qu'un peuple libre ne s'occupe pas assez du danger qui le menace, et s'endort quelquefois avec trop de sécurité ; tandis que les grands d'une monarchie courent au devant de la servitude, et que des petits bourgeois orgueilleux croient augmenter leur état en imitant le langage et la bassesse des courtisans, il est du devoir des honnêtes gens de faire sentinelle, et de venir au secours de la liberté, si elle est sourdement attaquée, ou d'élever des barrières contre le despotisme. L'ABBÉ DE MABLY.

Tome I. E

hommes lâches, qui voudroient tout abaisser pour être seuls grands.

De là vient que le peuple ayant une fois
goûté les douceurs de la liberté, s'y montre
si attaché, que, s'il découvre ou s'il soup-
çonne le moindre dessein tendant à l'envahir, il regarde ce dessein comme un
crime qu'aucune considération ne peut
faire pardonner ni oublier. Ce fut par cet
excès de délicatesse que, dans la république
Romaine, un citoyen sacrifia ses fils, un
autre son frère, pour venger les attentats
faits contre la liberté. Plusieurs ont donné
leur vie pour la conserver, et quelques-uns
ont livré leurs meilleurs amis sur le plus
léger soupçon, comme dans l'affaire de
Mœlius et de Manlius. César lui-même pé-
rit cruellement, pour avoir violé manifestement la liberté.

Ce n'est pas seulement à Rome que les
ennemis publics ont été immolés sous les
coups terribles de la vengeance. Plusieurs
états libres de la Grèce, en de semblables
occasions, ont étonné tous les siècles par
la sévérité de leurs jugemens. Le plus re-
marquable de tous est celui de l'isle de Cor-
cyre, dans la guerre du Péloponnèse ; le

peuple ayant perdu sa liberté par une suite
de la rapacité et des empiètemens continuels des grands, la recouvra par l'assis-
tance des Athéniens. Il fit renfermer tous
les aristocrates, et se fit donner sur le
champ les têtes de dix d'entre eux, pour
réparer en partie l'injure qu'on lui avoit
faite. Mais cela ne suffit pas ; car l'exécution des autres ayant un peu tardé, le peuple
fut si courroucé, qu'il se porta en foule à
la prison, en renversa les murs, et ense-
velit sous ses ruines les grands qui s'y trouvoient renfermés.

Nous voyons aussi dans l'histoire de Florence, que Cosme, le premier despote de
la Toscane, ayant envahi la liberté du peuple, ne put la déraciner de son cœur, ni la
lui faire oublier : les Toscans saisirent la
première occasion de s'en venger et de recouvrer leurs droits ; ils forcèrent le tyran
de chercher sa sûreté dans la fuite, et quoiqu'une trahison ait facilité son retour et
son rétablissement, cependant, après un
aussi long espace de tems, le sentiment de
la liberté survit encore dans tous les cœurs.
A la première occasion, les Toscans se res-
saisiront de leur antique liberté.

E 2

Mais de tous les exemples modernes, le plus extraordinaire est celui du peuple du Holstein, qui, s'étant vu privé de sa liberté, il y a soixante-dix ans, et annexé à la couronne de Danemarck (*a*), conserve encore un sentiment d'indignation de la perte de sa liberté, malgré la rusticité et l'avilissement de ses habitans. Dans leurs repas, ils en ont conservé le souvenir, et ils expriment leurs regrets en portant la santé enivrante pour des hommes qui ont été libres, au souvenir de notre liberté.

Par l'impression que l'amour de la liberté fait sur l'esprit du peuple, on peut aisément conclure qu'il en est le meilleur gardien, et combien il est plus intéressé à sa propre sûreté, que ne le sont les grands.

Neuvième raison. On doit préférer un état libre, parce que, sous cette forme de gouvernement, le peuple est moins adonné au luxe (*b*), que ne le sont les na-

----

(*a*) L'auteur écrivoit en 1656.

(*b*) Il n'est pas possible que les riches, dès qu'ils seront estimés et considérés par leur fortune, ne se liguent et ne prétendent former un ordre séparé de la multitude. De la meilleure foi du monde, ils croiront mériter la place qui n'est due qu'à la vertu.

tions soumises à des rois et aux grands. Or , par-tout où le luxe s'introduit , on voit aussi la tyrannie. Par ce principe naturel , que l'effet suit la cause , le luxe n'est autre chose que l'excès. Il cause la dépravation générale des mœurs ; il étouffe les inspirations secrètes de la raison , et ne laisse à l'homme aucune retenue : c'est une satiété amère qui se répand sur toutes les jouissances , et qui nous affame au sein même de l'abondance ; c'est le désir impuissant d'un cœur corrompu ; rien ne le peut satisfaire; il franchit les bornes de l'honnêteté , de la justice et de la vertu; il se porte aveuglément à tous les extrêmes :

---

et aux talens. Ils s'arrogeront le droit d'être durs, fiers, dédaigneux et insolens avec les pauvres, dont ils excitent à la fois l'envie et l'admiration. Que de vices tourmentent déjà la société ! ils se multiplieront avec les arts inutiles. N'espérez plus que le bien public soit le premier intérêt du citoyen ; sa propriété et les distinctions que son orgueil s'est acquises, sont pour lui des biens plus précieux que la patrie. Il se forme des intrigues , des cabales et des factions, pendant que le luxe développe dans les grands l'esprit de tyrannie. Il dégrade la multitude de jour en jour plus hébétée, et la façonne à l'esclavage. L'ABBÉ DE MABLY.

d'où je conclus que la liberté du peuple se trouvera plus ferme et plus constante dans un gouvernement , à mesure que les chefs seront moins exposés aux attraits du luxe.

Nous prouverons cette vérité par des raisonnemens et par des exemples. D'abord, par le raisonnement , il est évident que le peuple doit être moins adonné au luxe , que les rois et les grands , parce que ses désirs et ses besoins sont renfermés dans des bornes plus étroites. Donnez-lui seulement *panem et circenses* , du pain et des spectacles , et vous le verrez satisfait. Le peuple , d'ailleurs , a moins d'occasions et de moyens pour se livrer au luxe (*a*) , que ceux dans les mains desquels réside constamment le pouvoir. Ainsi , quel que soit son penchant pour le

---

(*a*) Le luxe désole les plus illustres familles , et au milieu de l'abondance entretient une perpétuelle pauvreté.

Un état doit tout appréhender , quand l'amour de l'argent deviendra la passion universelle , où tout le mérite se réduira aux richesses , où la vertu sera sans crédit , où toutes les conditions se mêleront , et où l'on ne discernera plus aucune famille pure , où la vertu et le vice seront égaux. L'abbé Duguet. *Institution d'un Prince.*

sur la vérité, il ne lui est pas
possible d'y livrer au même degré et
avec autant d'excès. Secondement, le
peuple étant moins corrompu par le luxe,
il est évident qu'il est, dans la personne
de ses représentans successifs, le meilleur
gardien de ses droits, non seulement parce
que cette transmission de pouvoirs les
empêche d'être aussi lâches et aussi pré-
somptueux que nous voyons les grands,
mais encore parce que n'étant pas amollis
et énervés par le luxe, ils se livrent moins
à ces idées d'oppression et d'injustice, qui
s'emparent ordinairement des grands et des
rois, et qui les portent à ces actions cri-
minelles qui n'ont d'autre but que de soutenir l'éclat du despotisme, et de satisfaire
l'avarice, l'orgueil, l'ambition ou l'ostenta-
tion, inséparables de la vie oisive des grands.
Il nous seroit facile de prouver que, dans les
états libres, le peuple, dépositaire de l'autorité suprême, a moins de luxe que les
rois et les grands. Nous nous contenterons
d'un petit nombre d'exemples. A Athènes,
tant que le gouvernement de l'état fut entre
les mains du peuple, et que ses représentans se conservèrent sages et austères, la

E 4

tempérance fut toujours la règle de **leur**
conduite ; leur prudence et leur valeur **les**
rendirent les seuls arbitres de toutes les
affaires de la Grèce : mais lorsqu'ils furent
parvenus au faîte de la grandeur, ils commencèrent, suivant le sort commun à tous
les empires, à décliner ; ils furent eux-
mêmes la cause de leur décadence (*a*),
en permettant, contre les règles d'un état
libre, l'agrandissement de quelques personnages par la prolongation de leur pouvoir. Ils perdirent les principes purs de la
liberté, et cette austérité de mœurs qui la
rend si chère : alors on vit paroître ces
trente despotes, communément appelés
LES TYRANS. Ceux-ci, après avoir usurpé
une autorité permanente, secouèrent le
joug de l'ancienne discipline, pour s'aban-

(*a*) Puissent les nations avoir sans cesse les yeux
ouverts sur le danger de ces vices brillans, de ces
travers préconisés. de cette bouffissure de luxe qui
imite l'embonpoint de la santé ! maladie d'autant plus
dangereuse, qu'elle laisse insensibles à leurs maux
les empires qu'elle attaque, et leur prête, au moment
où elle les détruit, la force passagère d'une fièvre
qui les dévore. La splendeur dont ils brillent lorsqu'ils sont ainsi gangrenés, est celle du bois qui répand un éclat phosphorique quand il est décomposé
par la putréfaction. *Esprit de Mably.*

charmes du luxe. Ils finirent
aux pieds les loix protectrices de
et par s'abandonner à toutes les
de la plus absolue tyrannie. Telle
encore la situation de cet empire,
, dans le tems de Pisistrate, le pou-
suprème étoit dans les mains d'un seul

D'Athènes, passons à Rome ; nous ver-
que, sous les Tarquins, la débauche
assise sur le trône. Mais lorsque le
gouvernement changea, les mœurs y ga-
rent, et les sénateurs qui tenoient les
rènes de l'empire, reprirent leur ancienne
austérité. Aussi-tôt que leur autorité fut per-
nente, ils s'abandonnèrent au luxe et
la tyrannie, jusqu'à ce que le peuple s'é-
emparé du gouvernement, établit une
velle discipline. La liberté, soutenue de
austérité des mœurs, se conserva jusqu'au
où les décemvirs usurpèrent l'auto-
étant passée ensuite entre les mains
peuple, la liberté et la tempérance re-
rent avec éclat, jusqu'aux jours de
(a), de Marius, et de ces tyrans

____

(a) Quand Sylla voulut rendre à Rome la liberté,
elle ne put plus la recevoir ; elle n'avoit plus qu'un

auxquels succéda César. Du tems de **ce** dernier, le luxe et la tyrannie s'élevèrent à un degré considérable : excepté dans Caton, on n'eût point trouvé les moindres restes de l'ancienne discipline et de la liberté Romaine ; de manière que, dans le monde entier, Caton resta comme un monument de cette tempérance et de ces vertus, qui ne florissoient que sous le gouvernement du peuple.

Sans rapporter d'autres exemples, nous devons conclure que, puisque le gouvernement des grands et des rois est plus sujet au luxe que celui du peuple, et le luxe étant le fléau de la liberté, en ce qu'il produit la tyrannie, les droits et les priviléges du peuple, confiés à ses assemblées suprêmes, qu'il renouvelle dans des tems convenus, doivent être plus assurés dans ses propres mains.

Dixième raison. Le gouvernement du peuple est supérieur à toute autre forme

---

foible reste de vertu ; et comme elle en eut toujours moins, au lieu de se réveiller après César, Tibère, Caïus, Claude, Néron, Domitien, elle fut toujours plus esclave ; tous les coups portèrent sur les tyrans, aucun sur la tyrannie. *Esprit des Loix.*

d'administration, parce que, dans un état libre, le peuple se distingue par plus d'activité, de magnanimité, de noblesse et de sentiment dans le caractère, que sous toute espèce de pouvoir permanent. Le peuple acquiert ces qualités par les services qu'il rend à l'état dans les affaires publiques, et par la certitude où il est que sa fortune est à l'abri des atteintes du pouvoir arbitraire. Si ses travaux ont contribué à quelque succès, il les regarde comme les siens propres ; si la république fait quelques conquêtes, étend ses limites, augmente sa puissance et son crédit, il en partage la gloire et il en jouit. Un citoyen vertueux, brave, savant, est-il récompensé et élevé aux honneurs et aux emplois ? le citoyen s'en félicite, par l'espérance d'y parvenir à son tour, quand il aura acquis le même degré de mérite. Les hommes se portent aux plus grandes choses, lorsque la récompense ne dépend ni de la volonté ni du caprice de qui que ce soit, comme il arrive dans un état où l'autorité est permanente, mais qu'elle est accordée sans égard à la naissance ou à la fortune de ceux qui y aspirent. On a donc le désir de s'avancer dans les états libres.

Cette vérité sera encore plus évidente,
si nous considérons avec attention quelle
a été la situation du peuple, sous les différentes formes de gouvernement : le peuple
Romain, du tems de ses rois, n'étoit pas
plus considérable par sa réputation que par
sa puissance. Il ne pouvoit guère l'étendre
au delà des murs de Rome. Lorsqu'ensuite
il fut soumis au pouvoir permanent du sénat, il commença à s'étendre un peu, et
à augmenter ses forces : tout ce qu'il put faire
d'abord, fut de disputer à ses voisins, durs
et cruels, une existence dont ils étoient
jaloux ; mais à la fin il parvint à connoître
et à réclamer ses droits, à jouir de sa liberté par la nomination successive de ses
officiers, et par la convocation de ses assemblées suprêmes. Ce fut alors qu'après
en avoir jeté les fondemens, il éleva le
colosse de cet empire, dont le pouvoir s'é-
tendit sur le monde entier.

La naissance de cet empire paroît plus
étonnante, et prouve d'autant mieux le
courage extraordinaire et la magnanimité
de ce peuple, quand il eut recouvré sa liberté, que ses premières conquêtes furent
établies sur les ruines de plusieurs nations

puissantes ; et toutes aussi libres que les
Romains ; car, dans ce tems, l'univers
abondoit plus en états libres, qu'en aucune
autre espèce de gouvernemens. On voyoit
la Gaule, l'Espagne, les puissances de l'A-
frique, et en Italie, les Toscans, les Sam-
nites, et les autres rivaux de la liberté Romaine, qui défendirent avec tant de valeur celle dont ils jouissoient, contre les
attaques de Rome, et supportèrent si long-
tems des guerres désastreuses, avant que
d'être soumis au joug des descendans de
Romulus. Ce fut par un même zèle pour
la liberté, que Carthage résista si long-
tems à la fortune des Romains ; qu'elle là
balança, et lui arracha la victoire. Ce sentiment magnanime conduisit Annibal aux
portes de Rome ; ce sentiment fit arriver
jusque dans la ville, les Gaulois prêts à
s'emparer du capitole. Ces peuples prou-
voient que la liberté leur avoit donné le
courage de disputer à Rome cette autorité
naissante, qui la rendit ensuite maîtresse
du monde. Mais si cet esprit de liberté a
pu donner à ces nations assez de courage
pour soutenir aussi long-tems les efforts
des Romains, c'est par ce même esprit de

liberté, que Rome vit naître dans son sein ces légions de héros qui lui soumirent toutes les nations, ses rivales (a).

Nous observerons que, lorsque la tyrannie eut détruit la liberté, d'abord sous les dictateurs, ensuite sous les empereurs, les Romains perdirent leur antique courage et toute leur magnanimité : ils virent se dissoudre et s'anéantir cet empire, autrefois si puissant (b).

(a) Quand on lit l'histoire ancienne, on se croit transporté dans un autre univers et parmi d'autres êtres. Qu'ont de commun les Anglais, les Russes, avec les Romains et les Grecs ? Rien presque que la figure ; les fortes ames de ceux-ci paroissent aux autres des exagérations de l'histoire. Comment eux, qui se sentent si petits, penseroient-ils qu'il y ait eu de si grands hommes ? Ils existèrent pourtant, et c'étoient des humains comme nous. Qu'est-ce qui nous empêche d'être des hommes comme eux ? Nos préjugés, notre basse philosophie, et les passions du petit intérêt, concentrées avec l'égoïsme dans tous les cœurs, par des institutions ineptes que le génie ne dicta jamais, J. J. Rousseau.

(b) D'après le calcul le plus exact, nous pouvons dire que l'empire Romain s'étendoit à 3000 milles de longueur, et à 2000 milles de largeur ; territoire surprenant, sur-tout si nous considérons qu'il comprenoit la partie la plus fertile et la mieux cultivée de

(Le courage et la grandeur d'ame, inséparables de la liberté, périssent avec elle. Le

---

monde connu. L'union et la prospérité intérieure de
Rome, sous le règne des Antonins, quoique ne pouvant pas faire naître le même étonnement, paroî-
tront également dignes des recherches et de l'attention du philosophe. La sagesse et l'équité des loix
disposèrent les provinces à se soumettre volontiers au
joug de Rome. Une infraction momentanée, faite à
ces loix, pouvoit peut-être fatiguer ou opprimer pour
un instant ; mais la sûreté du public obligeoit bientôt
de rétablir un système formé pour opérer le bien général et la tranquillité de tous : les arts et les sciences,
encouragés et récompensés avec libéralité, embellis-
soient et instruisoient ces royaumes, que la discipline et la valeur avoient subjugués ; les naturels et les
habitans se trouvoient confondus avec les Romains ;
on leur permettoit de professer la religion que leurs
ancêtres leur avoient transmise, et ils pouvoient
indistinctement aspirer aux honneurs et aux avantages
des conquérans, ou les partager.

Une grande partie des succès de Rome doit être
attribuée à la saine politique avec laquelle elle
s'approprioit la vertu et le mérite.

Quand Claudius étoit censeur, les citoyens Romains se montoient à six millions neuf cent quarante-
cinq mille. Si nous ajoutons un nombre égal de
femmes et d'enfans, nous ne pouvons les estimer à
moins de vingt millions d'ames. Les provinciaux s'é-
levoient probablement à un nombre double, et il

peuple, du moment qu'il recouvre sa liberté en reprenant la majesté qui lui appartient, étonne les peuples soumis du spectacle de sa toute-puissance, de sa grandeur, et de l'intensité de ses moyens. Sur les pas de la liberté, on voit à la fois la vertu, le courage et la magnanimité. De nos jours, les Suisses et les Hollandois en ont donné un exemple récent. Mais considérons l'Angleterre : à peine la liberté eut été rendue au peuple, avec quelle rapidité on vit s'exécuter les plus grandes choses ! (Français !)

Cette considération suffit pour nous faire chérir, par préférence, un gouvernement qui, à toute la dignité du peuple, ajoute encore à son bonheur. Un état libre est le refuge d'un peuple qui vient de briser ses fers.... Peuples ! vous ne pouvez conserver votre liberté, que par la succession régu-

---

est vraisemblable que les esclaves se trouvoient à peu près en quantité égale avec les citoyens et les habitans libres, ce qui éleveroit la population de l'empire Romain à cent vingt millions d'ames. On sent que ce calcul, fondé sur de simples conjectures, ne peut que donner une idée de l'immensité de l'empire. Gibbon. *Histoire de la décadence et de la chûte de l'Empire Romain.*

lière

des assemblées suprêmes de vos représentans. Leur permanence est la base
de vos liberté, l'égide qui vous met à
l'abri de tous les attentats de la tyrannie.

SIXIÈME RAISON. Dans un état libre, les
édits n'ayant de force que par le consentement du peuple, il se trouve hors des atteintes de la tyrannie, et des dispositions
arbitraires d'une autorité usurpée : le peuple connoît parfaitement les loix auxquelles
il s'est soumis. La participation qu'il a dans
l'établissement de ses loix, et la sévérité des
peines infligées contre ceux qui les violent,
le rend inexcusable quand il a commis une
faute ; il s'y soumet plus volontiers. Dans
toute espèce de pouvoir permanent, lorsque
l'autorité réside dans les mains d'une seule
personne, ou dans celles des grands, le
peuple n'a d'autres loix que celles qu'il plaît
aux rois ou à ces grands de lui donner :
encore ne sait-il pas toujours comment il
devra se conformer à ces loix, et quelle
interprétation il doit leur donner ; souvent
elles présentent un sens obscur. Un des
plus grands inconvéniens du gouvernement
absolu, est que le législateur y a intérêt
d'égarer les peuples ; il n'hésite pas à croire

Tome I.   F

qu'il est d'une bonne politique de ne donner aux loix que l'authenticité et le sens qu'il plaît à ses mandataires. Ainsi le peuple se trouve le plus souvent sans loix , parce qu'elles ont été faites pour le plus grand avantage de quelques individus , qu'elles sont incohérentes avec la saine raison, et que le bien public leur est étranger.

Sans ouvrir les annales de l'univers pour prouver cette vérité , sous le gouvernement des rois , l'Angleterre nous en fournira un exemple dans la conduite de plusieurs de nos souverains : ce fut sur-tout sous le règne d Henri VII, que ce mal fut porté à son comble (a). Ce prince se réserva le droit

---

(a) Une loi faite pour l'affaire présente, et sans suite pour l'avenir, s'applique sur le champ à celui qui en est l'objet ; elle s'exécute sans examen, sans forme , sans instruction préalable. Les formes supposeroient la nécessité reconnue de s'assujettir à quelque règle dans les jugemens , et le despote fait consister son pouvoir à n'en reconnoître aucune : elles supposeroient un magistrat qui ne prononce qu'avec précaution, et il n'y a ici qu'un maître qui commande ; un jugement régulier, et il ne s'agit que d'un ordre absolu ; des citoyens en qui l'on reconnoît des droits, et il n'y a que des esclaves faits pour courber la tête sous le joug, et qui ne jouissent que

d'expliquer, selon son caprice, les loix de l'état, qui devinrent autant de pièges dont il se servit pour dépouiller son peuple. Il fut en cela bien imité par son fils Henri VIII, qui ne se fit point de scrupule d'arracher à tant de citoyens la fortune et la vie.

---

d'une existence précaire. Là où il n'y a point de loi, il n'est point de tribunaux. Il ne faut que de simples préposés, que le despote établit et destitue à son gré, qui exercent une autorité semblable à la sienne, et concentrée dans un seul homme, qui ne jugent pas, mais qui ordonnent. S'ils veulent bien prendre la peine de s'instruire avant que de prononcer, c'est pour leur propre satisfaction : l'accusé ne sait s'il a été condamné par un acte d'autorité arbitraire, ou s'il a été convaincu ; si l'on a reconnu son innocence, ou si l'on a voulu lui faire grace. Il n'y a donc pour les sujets ni sûreté, ni opinion de leur sûreté ; ils ne peuvent la tenir que du silence et de l'obscurité qui les couvrent.

Mais dans les gouvernemens où le souverain a l'avantage de commander à des hommes libres, l'état des citoyens est précieux ; leur honneur, leur vie, leur liberté, sont à couvert sous la protection publique. L'intérêt que la société prend à la protection des coupables, ne prévaut pas tellement sur les droits des citoyens, qu'aucun d'eux lui soit sacrifié sans examen, ou même sur de simples présomptions, quelque graves qu'elles puissent être. M. LETROSNE, *Vues sur la Justice criminelle.*

F 2

Ces princes ne trouvèrent aucun obstacle à leurs desseins. En effet, les juges, toujours regardés comme les oracles de la loi, et dont le pouvoir dépendoit du souverain, avilis par la crainte ou l'ambition, se prêtoient servilement à toutes leurs passions ; ils faisoient parler les loix au gré du monarque. Il suffit de se souvenir de ce qui s'est passé sous le règne du feu roi, et sous celui de son père Jacques I, qui avoit coutume de dire : « Tant que j'aurai le pouvoir » de nommer les juges et les évêques, je suis » assuré d'avoir des loix et un évangile qui » me plairont »,

Licurgue obvia à cet inconvénient, dans l'établissement de ses loix ; l'autorité souveraine fut confiée au sénat ; le roi n'en conserva que le nom : ce sage législateur lui laissa seulement la grandeur et les prérogatives attachées à son rang. De cette manière, le roi étoit peu au dessus des sénateurs ; et le sénat, soumis aux loix comme le peuple, n'avoit sur lui aucun ascendant. Les emplois honorifiques, peu lucratifs, n'étoient point suffisans pour que ceux qui y étoient nommés s'abandonnassent à des sentimens d'orgueil, ou à l'ambition.

les sénateurs étoient riches de la
des vertus du peuple ; ils s'hono-
la frugalité , de la simplicité et
modération ; et , dans l'heureuse im-
nce de se livrer à des désirs immo-
, ils avoient moins d'orgueil et moins
d'ambition : dans leurs mains , l'autorité ,
sans moyens (*a*) comme sans jouissances ,
ne pouvoit jamais devenir oppressive. Peu
de personnes la désiroient , et ceux qui
en étoient revêtus , n'excitant pas l'envie,
n'étoient exposés ni à ces haines , ni à ces
rivalités qui éclatent presque toujours
entre les grands et le peuple , dans un état
libre.

Le système de la république de Venise
est bien différent ; le peuple n'a aucune
part dans le gouvernement ; le pouvoir de
faire des loix et d'en ordonner l'exécution ,
les emplois de l'état et les autres prérogatives , tout enfin est à la disposition des sénateurs et de leur famille (ce qu'ils ap-
pellent les patriciens ou l'ordre de la noblesse).

(*a*) Cette expression ne peut s'entendre que de
tous les moyens dont on s'est servi pour parvenir à la
tyrannie.

F 3

Leur duc ou prince a des droits très-bornés ; il n'a pas plus de pouvoir que les rois de Lacédémone ; il ne diffère des sénateurs, que par la corne de son bonnet, et quelques autres marques extérieures : les sénateurs ont une liberté plus étendue ; ils font tout ce qui leur plaît, et traitent le peuple sans respect comme sans pudeur.

Tous les habitans du territoire de Venise, à l'exception de ceux qui habitent la cité, gémissent sous le poids de l'oppression la plus arbitraire (l'autorité du sénat). Le peuple de cet état, qui ressemble plutôt à une faction qu'à une république, y trouve si peu de repos, que ceux qui sont voisins des Turcs, jaloux de vivre sous des loix plus douces, embrassent toutes les occasions de se révolter, et préfèrent le despotisme des infidèles au gouvernement tyrannique de Venise. Si l'on considère ce peuple et son peu de courage (*a*), on ne

---

(*a*) Sous le gouvernement tyrannique des décemvirs, les Romains préférèrent la honte d'être vaincus par les Sabins et par les Eques, plutôt que d'assurer par une victoire, dans la personne des décemvirs, une autorité qui donnoit des fers à la répu-

sera pas plus surpris de le voir opprimé, que du besoin où il est du secours des étrangers pour ses expéditions militaires. Comment en effet cette république pourroit-elle se conserver si long-tems, si les états voisins, intéressés à sa sûreté, n'eussent pris sa défense et pourvu à tous ses besoins?

Si donc les rois et les grands, dépositaires d'une autorité permanente, ne consultent que leurs volontés et leurs intérêts dans l'interprétation des loix, en les faisant exécuter au préjudice de la liberté et de la prospérité du peuple ; il résulte que , sans le consentement du peuple, il ne peut y avoir de décrets ni de loix auxquelles il doive sa confiance, et que le peuple, dans ses assemblées suprêmes , par un ordre réglé et successif , est le meilleur gardien de ses droits et de sa liberté (a).

---

blique. Le courage des Romains étoit trop fier et trop élevé ; ils aimèrent mieux se laisser vaincre par leurs ennemis, que de fléchir sous des tyrans. *Note du Traducteur.*

(a) Qu'on ne dise point que le souverain ne soit pas sujet aux loix de son état, puisque la proposition contraire est une vérité du droit des gens que la flatterie a quelquefois attaquée, mais que les

DOUZIEME RAISON. La forme d'un état libre est plus convenable à la nature et à la saine raison ; l'homme, comme le dit Cicéron, est une créature noble, née avec des dispositions qui le portent plutôt à commander qu'à obéir. Il y a en lui un désir naturel de la souveraineté ; ainsi la raison pour laquelle un homme consent à se soumettre au gouvernement d'un autre, n'est pas qu'il a moins de droit que lui au commandement ; mais parce que, peut-être, se croit-il moins capable, ou pense-t-il qu'il est plus convenable pour lui et pour la société dont il est membre, de se laisser gouverner par un autre : *Nemini parere vult animus à naturá benè informatus, nisi, etc.*, dit encore Cicéron ; un homme instruit seulement par les lumières de la nature, ne veut obéir à personne, qu'à celui

---

bons princes ont toujours défendue comme une divinité tutélaire de leurs états. Combien est-il plus légitime de dire avec le sage Platon, que la parfaite félicité d'un royaume est qu'un prince soit obéi de ses sujets, que le prince obéisse à la loi, et que la loi soit droite et toujours dirigée au bien public ! *Écrit célèbre, publié en 1667, au nom et par les ordres de Louis XIV, rapporté par* J. J. ROUSSEAU.

dont les loix et le gouvernement tourne-
raient à son bien et à son avantage. De ces
deux axiomes de l'oracle de la sagesse humaine, suivent naturellement ces trois conséquences : 1°. que la nature enseigne au
peuple à dessiner et à choisir cette forme
de gouvernement sous laquelle il prétend
vivre ; 2°. que personne ne doit tenir les
rênes du gouvernement, que celui que le
peuple aura choisi ; 3°. que le peuple est le
seul juge compétent des avantages ou des
inconvéniens du gouvernement, et de la
conduite des chefs qu'il s'est choisis. Ces
trois inductions ne sont qu'une application
de cette maxime : que le peuple est la
source de la souveraine puissance ; que le
pouvoir suprême réside en ses mains, et
qu'il est lui-même son propre législateur (a).

(a) Dès qu'un peuple se sera réservé la puissance
législative, soyez sûr qu'il aura bientôt les loix les
plus sages et les plus salutaires. Un républicain, assez
fier de sa dignité pour ne vouloir obéir qu'aux loix,
a naturellement l'ame droite, juste, élevée, et cou-
rageuse. Qui s'accommode de la domination des
hommes, doit être prêt à respecter des caprices,
des injustices et des folies ; son jugement perd : à
force de respecter les loix de leur sultan, les Turcs

Si donc un état libre, gouverné par le peuple, c'est-à-dire, par ses représentans successifs, dans ses assemblées suprêmes, est le plus convenable et le plus naturel; il en résulte que le gouvernement où le pouvoir réside entre les mains d'un seul, ou dans celles d'un certain nombre, assemblé sous le nom de sénat, est contraire aux principes de la nature : on doit le regarder comme l'invention de quelques grands, qui, voulant satisfaire leur orgueil ou leur ambition désordonnée, s'efforcent d'opprimer le reste des citoyens par le plus insupportable esclavage.

Nous voyons encore que le consentement et le choix libre des représentans du peuple, manière si naturelle de gouverner,

---

se sont accoutumés à regarder ses ordres particuliers comme des loix. Il n'y a plus d'autres vertus pour les sujets d'un despote, que la patience, et quelques utiles qualités des esclaves compatibles avec la paresse et la crainte. Si un peuple jaloux de sa liberté se trompe quelquefois, ses erreurs ne sont que passagères, elles l'instruisent même; mais pour les hommes asservis sous le joug, leur première faute en prépare infailliblement une seconde. L'ABBÉ DE MABLY.

effet réel sous les autres formes, il est ordinairement éludé par la force, quand il ne l'est pas par les précautions insidieuses d'une ou plusieurs personnes à gouverner par droit de naissance et de succession.

Est-il donc nécessaire de prouver combien le gouvernement du peuple est supérieur à tous les autres ? Dans quel autre les hommes jouissent-ils au même degré, de leur liberté, de leur raison, de l'intelligence, et des lumières que Dieu leur a données pour se choisir des chefs et pourvoir à leur sûreté ? N'est-ce pas dans les gouvernemens absolus, où toute l'autorité est possédée par un certain nombre de familles qui en jouissent par droit de succession, que les hommes, toujours privés du droit qu'ils ont de veiller à toutes les branches de l'administration, sont soumis à la plus aveugle obéissance (a) ? Ainsi

---

(a) C'est du sein de ces désordres et de ces révolutions, que le despotisme, élevant par degrés sa tête hideuse, et dévorant tout ce qu'il auroit apperçu de bon et de sain dans toutes les parties de l'état, parviendroit enfin à fouler aux pieds les loix et le peuple, et à s'établir sur les ruines de la républi-

se trouvent offensés le bon sens , les intérêts et la majesté de l'homme. Mais soutenir que , dans une chose aussi essentielle
que le gouvernement (à laquelle le bien
général et la sûreté commune sont si étroitement liés) , l'homme n'ait aucun droit ;
oser dire qu'il doit abjurer sa raison et sa
liberté , c'sst avancer de tous les principes le plus déraisonnable et le plus absurde.
Puisse un principe aussi odieux , et toutes
les espèces de pouvoirs permanens , s'ef-
facer du souvenir des hommes ! ... C'est
à l'aide de ce principe que les hommes
ont été a-similés aux animaux , et que le
genre humain s'est vu opprimé et avili pendant des siècles.

---

que. Les temps qui précèderoient ce dernier changement , seroient des temps de troubles et de calamités ; mais à la fin tout seroit englouti par le
monstre , et les peuples n'auroient plus de chefs ni
de loix , mais seulement des tyrans. Dès cet instant
même, il cesseroit d'être question de mœurs et de
vertu ; car par-tout où règne le despotisme, *cui
ex honesto nulla est spes*, il ne souffre aucun autre
maître ; mais si-tôt qu'il parle, il n'y a ni probité
ni devoir à consulter, et la plus aveugle obéissance
est la seule vertu qui reste aux esclaves. J. J. ROUS-
SEAU. *Origine de l'inégalité parmi les hommes.*

Cette vérité est prouvée par l'histoire de
toutes les nations, qui ne nous présente
que la longue série des excès et des malheurs attachés aux monarchies. Dans les
monarchies, le mérite est toujours soumis
à un chef mâle ou femelle ; imbécille ou
sensé, vertueux ou méchant, souvent féroce, l'ambition lui fait envisager la grandeur, plutôt dans l'immensité de ses trésors, que dans la prospérité de ses peuples.
Plus ils sont indolens, fourbes, vils et
soumis, plus il s'estime puissant et heureux (a). L'insensé considère les hommes
en raison inverse de leur dignité ; il faut

(a) Les passions forment les projets les plus vastes,
le succès les couronne, et la tyrannie appesantit sa
main sur des citoyens qu'elle craint. Voilà l'histoire
Romaine. S'abandonne-t-on sans courage et avec non-
chalance au cours des évènemens et des vices, une sorte
de tyrannie froide, timide et concertée, s'établira dans
l'état. Le bien public sera d'abord oublié, et ensuite
méprisé par-tout. Des rescrits honteux, publiés
sous le nom des loix, sèmeront la division entre
les citoyens, et mettront en honneur l'avilissement,
la fraude et la délation. La tyrannie ne daignera pas
répandre des torrens de sang, parce qu'elle méprise ses esclaves. D'un côté, on ne verra que des
oppresseurs oisifs, stupides, et enivrés de l'immensité de leur fortune, qui promettront des récom-

que tous s'abaissent, afin que lui seul pa-
roisse tout-puissant.

Nous voyons dans les gouvernemens où
l'autorité est héréditaire, une foule de princes tyrans et cruels : mais combien ne le
sont devenus que par l'éducation ; combien
qui ne doivent tous leurs vices qu'aux circonstances ? Ils se jouent constamment et
sans scrupule, de la fortune et de la vie
des hommes. Ils n'appréhendent rien de
leurs actions despotiques et injustes, parce
qu'ils se persuadent que, malgré leur oppression continuelle, le peuple leur de-
meurera attaché et aux leurs. Ainsi le despotisme s'introduisit à Rome, ainsi la tyrannie !... D'abord sous les rois, ensuite sous
les empereurs. L'histoire nous apprend que
la plupart de ces empereurs, qui se suc-

---

peuses à qui pourra leur rendre le sentiment du
plaisir, étouffé sous les voluptés. De l'autre, on
verra des opprimés à qui leur misère a ôté la faculté
de penser ; et ces bêtes brutes, qui ne se croient plus
des hommes, et qui ne le sont plus en effet, seront occupées d'une vile pâture qu'on leur refuse.
Voilà l'histoire de ces peuples anciens, Assyriens,
Babyloniens, Mèdes, Perses, etc., décriés par leur
luxe et par leur mollesse, et de la plupart de nos
états modernes. L'ABBÉ DE MABLY.

cédoient par droit d'héritage, avoient (à l'exception de Titus, de Marc-Aurèle, de Trajan, et d'un très-petit nombre), le caractère des bétes féroces (a). Ainsi toute une nation ne pourra espérer de bonheur, que lorsqu'il arrivera par hazard que le prince sera sage, vertueux et brave : cette félicité est si rare !... Elle ne durera pas plus long-tems que la vie du prince. Et s'il arrive que son successeur ait plus de foiblesses et de vices, qu'il n'aura de vertu, de prudence et de sagesse !....

(a) Je ne m'arrêterai point à rechercher si la liberté, étant la plus noble des facultés de l'homme, ce n'est pas dégrader sa nature, se mettre au niveau des bêtes esclaves de l'instinct, offenser même l'auteur de son être, que de renoncer sans réserve au plus précieux de tous ses dons, que de se soumettre à commettre tous les crimes qu'il nous défend, pour complaire à un maître féroce ou insensé ; et si cet ouvrier sublime doit être plus irrité de voir détruire que d'honorer son plus bel ouvrage : je demanderai seulement de quel droit ceux qui n'ont pas craint de s'avilir eux-mêmes jusqu'à ce point, ont pu soumettre leur postérité à la même ignominie, et renoncer pour elle à des biens qu'elle ne tient point de leur libéralité, et sans lesquels la vie même est onéreuse à tous ceux qui en sont dignes. J. J. ROUSSEAU.

Les annales de la Grande-Bretagne , de la France , de l'Espagne , et de tous les peuples du monde , sont célèbres seulement par le nombre et la nature des excès , des crimes et des attentats qui viennent à l'appui de cette assertion.

Les vices du prince ne sont pas les seules causes des malheurs du peuple ; il s'y joint encore tous les maux attachés aux contestations qui s'élèvent pour soutenir les droits des prétendans au trône. Avons-nous donc perdu le souvenir de ces querelles sanglantes qui se sont élevées entre les princes de France , et parmi nous entre la maison d'York et celle de Lancastre ? Et sans parler des scènes d'horreurs qu'elles ont occasionnées , sans doute les peuples de ces royaumes n'auroient pas eu à gémir sur tant d'excès et de calamités , si leur sort n'avoit point été étroitement lié à la fortune de leurs maîtres. D'où il suit que si un gouvernement monarchique est supportable , c'est seulement lorsque le trône est rempli par celui que le peuple y a placé, qu'il est choisi par les représentans du peuple , et qu'ils l'ont nommé comme un officier de confiance , qui devient leur comptable.

comptable. Mais parce que le gouvernement monarchique n'est supportable que
dans ce cas (*a*), de quelque manière
qu'il en diffère, il est odieux : le peuple
sera opprimé et malheureux. Et s'il arrive que celui que le peuple aura élevé à
cette suprême dignité, fasse usage de sa
puissance pour pratiquer des menées sourdes, qui assurent à sa famille la succession
d'une couronne qu'il ne possède qu'à vie ;
alors l'élection n'est qu'un jeu, une cérémonie vaine, qui ne sert qu'à rehausser
le char de la tyrannie triomphante. Tels
étoient et tels sont encore les royaumes
électifs de Bohème, de Pologne, de Hongrie, et de Suède. Mais bientôt ils sont
devenus héréditaires ; et le droit qu'avoit
le peuple d'élire ses rois, a été envahi,
non seulement en Suède par les artifices de

(*a*) Il est ridicule d'attendre, dans une monarchie
ou dans un gouvernement aristocratique, des loix
justes et raisonnables. Comment un monarque ou
des patriciens dédaigneux jouiroient-ils de la puissance législative, sans que leurs passions, plus aveugles et plus emportées que celles des autres hommes,
ne tournassent toutes à leur avantage particulier? Pouvant tout, ne voudront-ils que le bien? Leurs flatteurs mêmes ne les empêcheroient-ils pas d'exécuter
leurs projets? L'ABBÉ DE MABLY.

Tome I. G

Gustave Eric, mais encore en Pologne (*a*) et dans tout l'Empire, par ceux de la famille des Casimir et de la maison d'Autriche. Par-tout le peuple, victime de l'astuce des princes électifs, a perdu le droit de les choisir, qu'il tenoit de la constitution originaire de l'état.

TREIZIÈME RAISON. Les états libres offrent moins d'occasions d'opprimer et de tyranniser le peuple, que toutes les autres formes de gouvernement. Dans un état libre, le premier objet est de mettre la plus grande égalité entre tous les citoyens, afin d'empêcher qu'un ou plusieurs individus ne puissent acquérir un trop grand pouvoir, et que qui que ce soit ne puisse usurper des droits et une autorité qui détruiroient cette harmonie si nécessaire au maintien et à la conservation d'une parfaite égalité, sans laquelle la liberté n'est qu'un nom (*b*). Par ce moyen, le peuple

---

(*a*) Cette couronne est maintenant élective.

(*b*) La liberté civile consiste dans la sûreté et dans l'opinion qu'on en a ; dans le droit de faire tout ce qui n'est pas contraire aux loix, d'être tranquille sous leur sauve-garde, de n'être soumis qu'à leur autorité, et d'être assuré de n'être jugé que par elles, si l'on a eu le malheur de les enfreindre. M. LETROSNE. *Vues sur la Justice criminelle.*

met sa liberté à l'abri des empiètemens de
ses propres officiers, tels que ceux qui se
trouveroient à la tête des affaires, soit dans
les armées, soit au conseil, et qui pourroient abuser de leur autorité et former
des désirs hors des limites de la modération et de la justice. En outre, le peuple
est en sûreté contre tous les efforts et
l'ambition de ces petits tyrans, habiles à
usurper des prérogatives et tout ce qui
tient au pouvoir et à la grandeur, pour
s'élever au dessus de leurs concitoyens,
en vertu de leur naissance et de leur an-
cienneté.

On doit bien se garder, dans une république, de souffrir ces hommes ennemis de
l'égalité; ils voudroient pouvoir l'anéantir: ils nourrissent contre le peuple une
haine innée et implacable, et n'ont d'autre but que de le priver de sa liberté.
Un homme puissant, impétueux, habile et prudent, forme-t-il le projet audacieux de s'emparer du gouvernement,
on les verra des premiers à le favoriser
dans son entreprise; leur intérêt et leur
ambition les font accourir au devant de
lui; ils sont, à son égard, ce flot qui le

jette sans effort sur un trône érigé par la tyrannie sur les vastes débris de la liberté du peuple.

Il nous seroit facile de prouver combien il est dangereux, dans un état libre, de souffrir aucun accroissement de puissance dans les mains du citoyen. Athènes perdit sa liberté, en permettant à quelques-uns des sénateurs d'élever leur autorité au dessus de leurs collègues. Ainsi se forma cette aristocratie, connue sous le nom des TRENTE TYRANS. Ce fut par la même erreur que Pisistrate courba ses concitoyens sous le joug d'un seul despote.

Le peuple de Syracuse éprouva le même sort sous Hiéron, et celui de Sicile sous Denis et sous Agathocle.

A Rome, lorsque la liberté du peuple étoit confiée au sénat, le pouvoir trop étendu qu'obtinrent Mœlius et Manlius leur donna occasion de chercher à s'élever; mais à peine le génie tutélaire des Romains les eut tirés de l'oppression de ces deux ennemis de la liberté, ils retombèrent, par une semblable foiblesse, dans les mains des décemvirs, qui usèrent de leur pouvoir pour arriver à la tyrannie. Lorsqu'ensuite le peuple forma la résolution de re-

prendre sa liberté des mains du sénat, il
fut sur le point de la perdre entièrement,
en permettant à ses créatures d'augmenter
leur pouvoir. Aussi-tôt Sylla opprima les Romains par une dictature de cinq années *(a)*.
César ensuite établit son autorité sous le
nom inconnu de DICTATEUR PERPÉTUEL;
et, après lui, son fils Auguste, ayant vu son
pouvoir reconnu par la complaisance du
sénat et du peuple, se révêtit, sous le
titre d'EMPEREUR, d'un pouvoir qu'il trans-
mit à ses successeurs, et qui finit par la
ruine de Rome.

C'est ainsi que la république de Florence
s'affoiblit considérablement, lorsque le
pouvoir eut été usurpé par Cosme de Médicis. Les Florentins commirent une grande
faute, lorsqu'ils souffrirent qu'il s'érigeât
en tyran; et ils en firent une seconde, en

(a) Sylla fit des loix très-propres à ôter la cause
des désordres que l'on avoit vus; elles augmentoient
l'autorité du sénat, tempéroient le pouvoir du peuple, régloient celui des tribuns : la fantaisie qui lui
fit quitter la dictature, sembla rendre la vie à la république. Mais dans la fureur de ses succès, il avoit
fait des choses qui mirent Rome dans l'impossibilité
de conserver sa liberté. *Esprit des Loix.*

G 3

voulant le forcer à se reconnoître pour
tel , par les violences hors de saison qu'ils
employèrent pour lui retirer le pouvoir souverain.

L'histoire de Milan , celle de la Suisse ,
nous en fourniroient des exemples frap-
pans ; mais il nous suffit de celui tout récent que les Hollandois nous présentent ,
en permettant à la maison d'Orange de
s'élever plus qu'il ne convient à ceux qui
sont membres d'un état libre : ils se virent
à la veille de perdre entièrement cette liberté qui leur avoit coûté si cher.

Le premier de tous les principes , regardé ,
dans un état libre , comme le moyen le plus
sage pour mettre les droits et la liberté du
citoyen à l'abri de toutes les usurpations ,
est donc d'empêcher qu'aucun citoyen ,
quelque bien mérité qu'il ait de sa patrie ,
ne devienne trop puissant ou trop populaire.

Quatorzième et dernière raison. Le
gouvernement du peuple , confié aux assemblées suprêmes et successives de ses
représentans , est préférable à tout autre ;
parce que , sous cette forme , tous ceux qui
ont eu part aux affaires , sont , après leur

gestion, redevables au peuple de la comp-
tabilité de leur administration ; et l'homme
puissant, rentrant bientôt dans la classe des
simples citoyens , est soumis à toute la
rigueur des loix : or, s'il a démérité et subi
quelque punition, ceux qui lui succèdent
ont nécessairement moins de hardiesse ,
ils abusent avec moins d'audace de leur
autorité pour opprimer le peuple. C'est
ainsi seulement qu'on peut se mettre à
l'abri de la tyrannie , qu'on détruit celle
qui paroît la mieux assurée, que l'on étouffe
celle qui est encore dans sa naissance ,
et que l'on s'en affranchit pour toujours.
La sûreté du peuple est la loi suprême et
souveraine : est-il de plus ferme rempart
pour protéger la liberté , et empêcher que
son cours ne soit détourné par des hommes
dont le pouvoir seroit exempt de la cen-
sure et de l'examen , et qui , dans l'interprétation des loix , s'abandonneroient
aveuglément à leur volonté et à leur plaisir (*a*) ?

(*a*) Dans les rapports de l'état social , il est nécessaire que la loi soit simple , sévère , et les peines ca-
pitales irrémissibles. Multiplier les loix pour les laisser
ensuite en opposition et sans la force nécessaire

C'est donc une vérité incontestable, que comme dans le gouvernement du peuple, la succession de son autorité, son consentement libre, ont toujours été la seule digue que l'on pût opposer aux invasions du despotisme et de la tyrannie ; de même tous les pouvoirs permanens ont pour objet de satisfaire la volonté de ceux à qui ils sont confiés, de la manière la plus arbitraire ; convaincus qu'il est de leur intérêt et de leur sagesse de s'envelopper de tous les attributs de l'autorité souveraine (*a*), qu'ils

---

pour arrêter les attentats du prévaricateur, c'est multiplier les délits. Ce n'est que dans un gouvernement tyrannique que la puissance exécutrice peut se plaire à trouver des coupables. *Note du Traducteur.*

(*a*) Que deviendra la société, si les hommes ne voient que la justice au dessus d'eux, et si elle-même n'a pour appui que les motifs qui devroient lui garantir leur fidélité ? Que chacun soit le maître de faire valoir ses prétentions, de donner à ses passions un libre cours, de ne consulter que les désirs de la cupidité insatiable et usurpatrice, d'employer la ruse ou la violence à l'exécution de ses desseins ; la société est détruite, et l'homme, privé des avantages qu'il doit trouver dans la réunion des secours mutuels et des services, ne verra sa sûreté que dans la solitude.

Trouvez, au contraire, un moyen de soumettre

ment pour les mettre à couvert de tous
les reproches, quelles que soient d'ailleurs
la nature et l'énormité de leurs excès ; habiles à persuader aux hommes (par le
charme des bienfaits dont ils se servent si
à propos ; car telle est la bonté du peuple,
qu'un bienfait lui fait oublier tous les at-

à la justice tous les intérêts particuliers qui se croisent
et se combattent, de contenir la cupidité, de mettre
aux passions désordonnées un frein qu'elles soient
forcées de respecter ; d'enchaîner la force privée,
dont l'abus fait prévaloir l'injustice, dont l'usage,
même légitime, est si contraire à l'état social, et si
dangereux pour celui que le soin de sa conservation
oblige de s'en servir : vous verrez aussi-tôt la paix
succéder à la discorde, l'harmonie et le bonheur
public, au désordre et au règne tumultueux des
passions ; vous verrez naître et prévaloir un intérêt
commun, qui gouvernera souverainement tous les
rapports des hommes réunis, qui réprimera les efforts
et les effets de la cupidité exclusive, qui réunira
toutes les volontés, qui, des forces particulières,
dirigées vers le même but, formera une force commune ; vous verrez tous les citoyens, convaincus
que leur intérêt privé ne peut se rencontrer que
dans cet intérêt commun, accourir aux pieds des
autels de la justice, lui jurer l'observation des loix,
et dévouer les infracteurs à la peine et au supplice.
M. LE TROSNE, *Vues sur la Justice criminelle.*

tentats que l'on a pu commettre contre sa liberté), par force et par adresse, qu'à eux seuls il appartient de faire tout ce qui leur plaît, qu'ils ne doivent rendre compte de leurs actions qu'à Dieu , dont ils ont, *disent-ils* , reçu leur toute-puissance. Ainsi la suprême sagesse devient , grace au génie de ces petits tyrans , le complice et l'auteur de tous les maux.

Ce dogme, si favorable à la tyrannie, ne s'est que trop répandu dans l'esprit du peuple accoutumé à révérer l'idole du pouvoir , sous quelque forme qu'on la lui présentât; le peuple , toujours bon , mais si souvent trompé, chérit ce préjugé qui lui fait considérer les grands comme des hommes d'une nature supérieure , et dont la vie est sacrée.

Ainsi , en soutenant les principes de la liberté , nous sommes forcés de modérer nos efforts et notre zéle ; en parlant aux hommes de cette liberté que des tyrans lui ont ravie , tout notre courage cède devant l'amour de l'ordre ; et lorsque nous osons demander aux grands qu'ils rendent compte de leur administration , ne sommes-nous pas exposés à la fois aux coups de la tyrannie et à la fureur du peuple ?

… il doit être autrement dans
… … … Ouvrons les annales de la
… de Rome : pour assurer la liberté,
… … … sur le citoyen vertueux,
… les récompenses et les dignités ; on
… … des statues, on lui décernoit
… couronnes ; et si les honneurs ter-
… … ne suffisoient pas, ils le plaçoient
au nombre de leurs dieux !

De nos jours, heureux cantons de la
Suisse, vous jouissez de la liberté ; tous
vos chefs, tenus de rendre compte de leur
administration, s'honorent de la dernière
place dans les assemblées du peuple.

Il résulte de ce principe, que si, dans
une république, le seul moyen de conserver la liberté, est d'obliger les chefs à
rendre compte de leur administration, ce
ne sera pas sans beaucoup de difficultés,
et sans courir le danger de plonger toute
une nation dans une abyme de malheurs,
qu'on pourra exiger des comptes de ceux
qui sont revêtus d'un pouvoir permanent.
Et cependant, par-tout où les chefs sont
exempts de cette responsabilité, il devient
impossible d'éviter les malheurs causés par
la tyrannie, et ces troubles qui la suivent,

et la misère qui se répand sur le peuple.

Il n'en est pas de même quand le pouvoir réside dans les mains du peuple. Cette dernière raison, et celles qui précèdent, nous démontrent qu'un état libre, c'est-à-dire, le gouvernement du peuple établi dans ses assemblées solemnelles et successives, est de tous les gouvernemens le plus juste et le plus modéré.

CONSTITUTION

D'UN
ÉTAT LIBRE.

SECONDE PARTIE.

Réponse à toutes les objections qui ont été faites contre le gouvernement du peuple.

EN considérant que nos ancêtres ont été nourris dans les principes féroces d'une monarchie absolue, il n'est pas étonnant que leurs descendans paroissent si peu disposés à recevoir ceux d'un gouvernement plus noble. Mais depuis que tout récemment ils ont connu les avantages infinis que doit procurer un ÉTAT LIBRE, il suffira, pour hâter les progrès de cette forme nouvelle, et pour l'honneur des fondateurs de la liberté, de démontrer les inconvéniens et les suites funestes des autres formes de gouvernement.

Nous exposerons donc les sophismes de ceux qui osent encore désirer le gouvernement monarchique , et qui s'honorent d'en regretter les principes.

Afin que le peuple puisse jouir de tous les avantages d'une constitution qui lui rend, avec sa souveraineté primitive , tous ses droits et toute sa majesté , il a besoin de connoître en quoi consistent les devoirs du citoyen dans un état libre : il est nécessaire qu'il soit toujours en garde contre l'ennemi commun ; qu'il sache qu'il est dans une république , et qu'il doit abhorrer toutes les formes de gouvernemens arbitraires. Il faut qu'il rejette , avec horreur , toutes les insinuations et toutes les promesses de ceux qui tenteroient d'usurper l'autorité souveraine.

Nous avons posé pour principe , qu'un ÉTAT LIBRE , ou gouvernement du peuple, établi dans ses assemblées solennelles et successives , est le gouvernement le plus parfait.

Mais parce qu'on élève contre ce gouvernement plusieurs objections que l'on a regardées comme péremptoires , nous croyons devoir les réfuter ; et , lorsqu'on y sera parvenu par des raisonnemens et par des exemples , nous ne doutons pas que nous n'ayons fermé la bouche aux ignorans, et à ces hommes qui, par le langage de la flatterie, ont osé calomnier la saine constitution d'un état libre, ou gouvernement du peuple.

La première objection des royalistes et des autres, est que ce gouvernement met tous les hommes de niveau, et qu'une semblable constitution tend à établir la confusion des rangs et des fortunes (1).

Si nous prenons cette expression, mettre de niveau, dans un sens trop étendu, elle nous paroîtra aussi odieuse qu'elle l'est en effet; car elle égalise tous les hommes, quant à la fortune, rend toutes choses communes à tous, détruit la propriété, introduit une communauté de jouissance parmi les hommes. Ne seroit-ce pas plutôt une

____

(a) Sous les mauvais gouvernemens, cette égalité n'est qu'apparente et illusoire; elle ne sert qu'à maintenir le pauvre dans sa misère, et le riche dans son usurpation. Dans le fait, les loix sont utiles à ceux qui possèdent, et nuisibles à ceux qui n'ont rien; d'où il suit que l'état social n'est avantageux aux hommes, qu'autant qu'ils sont tous quelque chose, et qu'aucun d'eux n'a rien de trop, J. J. ROUSSEAU.

acception calomnieuse que lui donnent
les ennemis de cette forme de gouvernement, qu'ils haïssent plus que toute autre,
parce que, le peuple une fois mis en possession de sa liberté, et connoissant parfaitement tous les avantages qu'il en peut
obtenir, les espérances de tous les fauteurs
de la tyrannie sont anéanties ? Tel seroit
le moyen le plus puissant de s'opposer au
rétablissement de la monarchie ; aucun de
ceux qui y prétendroient, ne cherchant
alors à élever un intérêt distinct de la chose
publique, ces ennemis de la liberté désar-
més resteroient dans le silence de la honte
et de la confusion.

Or cette sorte d'état libre, ou gouvernement du peuple, dans ses assemblées
solemnelles, est si loin d'introduire une
communauté odieuse, qu'elle est, au contraire, le seul moyen de conserver la propriété. La raison en est simple : il n'est pas
vraisemblable de supposer qu'un corps aussi
bien choisi que celui des réprésentans d'une
nation, s'accorde à détruire les intéréts et
les droits du peuple. D'un autre côté, tous
les décrets n'ayant de force qu'autant qu'ils
seront revétus du consentement général,
l'intérét

l'intérêt public ne peut qu'être bien défendu contre toutes les dispositions arbitraires.

Ainsi toute autre manière de gouverner, opposée à celle-ci , établit elle-même ce niveau détestable , en ce qu'elle soumet les droits de tous les hommes à la volonté d'un seul ; ce qui produit ce despotisme (*a*) , qui, se créant une prérogative sans limites comme sans restriction , devient le fléau de la propriété : principe qui n'appartient qu'à une monarchie absolue.

Et s'il étoit besoin de prouver qu'un état libre est celui qui respecte le plus les propriétés , chaque siècle nous en fourniroit des exemples. Nous n'en citerons qu'un petit nombre.

Sous le gouvernement des rois (*b*) , les sujets n'ont rien qu'ils puissent regarder comme leur appartenant en propre. Leur vie , leur fortune , et jusqu'à leur épouse , tout ce qui peut contribuer à satisfaire les

---

(*a*) Les despotes ont le malheureux secret d'infecter tout ce qu'ils touchent. L'ABBÉ DE MABLY.

(*b*) Les rois se font un jeu cruel d'exciter toutes les passions des hommes , pour les enchaîner ensuite par chacune de ces passions mêmes. *Note du Traducteur.*

Tome I.   H

désirs du prince, dépend de son bon plaisir. Le peuple isolé, dépouillé de sa liberté, ne connoît point de remède contre l'absolue volonté du despote (a), qui ne voit par-tout que des sujets. Ce fait est prouvé par toutes les nations qui ont été soumises à cette forme de gouvernement. Nous en avons eu en France, et dans d'autres royaumes, d'affreux exemples. Aujourd'hui même, pouvons-nous dire que le peuple y jouisse du droit de propriété ? Tout y dépend du caprice royal, comme nous avions lieu de nous en plaindre ici (b), il y a peu d'années. Nous observons en outre, que dans les royaumes où le peuple jouissoit de la liberté et du droit de propriété, ces états étoient si sagement constitués, que la plus grande partie du pouvoir se trouvoit dans les mains du peuple : or, plus le peuple avoit de crédit et de pouvoir, plus la propriété des individus étoit inviolable et sacrée.

(a) Le despote ordonne, et il n'est pas d'autre loi que sa volonté : elle est telle aujourd'hui, demain elle sera différente. M. LETROSNE. *Vues sur la Justice criminelle.*

(b) EN ANGLETERRE.

Et sans nous arrêter sur le nombre des exemples, considérons avec quelle énergie le peuple d'Aragon jouit de sa liberté ; avec quelle sécurité il conserva son droit de propriété aussi long-tems qu'il fut le suzerain de ses rois dans ses assemblées solemnelles ! Mais après que Philippe II eut dépouillé ce peuple de cette suzeraineté, et qu'il lui eut donné des loix sans sa participation, dès-lors les Aragonois et tout ce qui leur appartenoit se virent en proie à la volonté et au caprice du monarque.

En France, aussi long-tems que le peuple, dans ses états généraux, conserva son crédit, et que sa volonté y fut prépondérante, il n'eut rien à craindre pour sa vie et pour sa fortune ; mais depuis que Louis XI monta sur le trône, ce prince et tous ses successeurs établirent, parmi leurs sujets, une telle égalité, qu'en peu de tems ils eurent tout envahi (a). Le peuple ne connut plus le droit de propriété, et, dans tous les

______

(a) Par-tout où le monarque n'a besoin que de sa volonté pour établir des loix, que de sa volonté pour les abolir, il n'y a point de gouvernement. Le prince est despote, et le peuple esclave. RAYNAL.

pays catholiques, les rois devinrent les seuls propriétaires.

Les mêmes malheurs nous menacèrent en Angleterre ; car, aussi long-tems que les parlemens, fréquens et successifs, maintinrent le crédit du peuple, sa propriété fut assurée. Mais quand nos rois commencèrent à enlever au peuple la portion de pouvoir qu'il avoit dans le gouvernement, en interrompant la succession des parlemens ; dès-lors ils établirent ce système oppressif *d'une égalité odieuse*, qui anéantit tous nos droits de propriété et notre liberté. Ils soutinrent ce système avec tant d'audace, et ils le répandirent avec tant de succès, que, sous leur règne, les oracles de la loi et de l'évangile prononçoient, sans appel, « que » tout appartenoit au roi, et que le peuple » ne possédoit rien en propre (*a*) ».

(*a*) Les princes sont rarement instruits de leurs devoirs, et les premières teintures d'une bonne éducation sont bientôt effacées. Ils se livrent au plaisir de régner, sans s'informer des justes bornes de leur autorité : l'orgueil, qui est le venin secret de la souveraine puissance, les porte à ne plus demander conseil, ou à ne plus en suivre. Ils reçoivent sans précaution les erreurs de ceux qui les flattent ; ils de-

Nous voyons par-là quel est le plan d'é-
galité, et à qui appartient la fortune du peuple dans une monarchie, et, si le peuple
y possède quelque chose, par quels moyens
humilians et à quelles conditions il en jouit
et le conserve. Ces inconvéniens ont eu
lieu, non seulement sous les rois, mais encore sous toutes les espèces de pouvoirs
permanens, qui ont produit autant de fauteurs de cette sorte d'égalité, que toutes
les monarchies.

Dans la république d'Athènes, aussi
long-tems que le peuple maintint sa liberté
avec tous ses avantages, par la succession
de ses assemblées solemnelles, le droit de
propriété fut sacré. Les Athéniens cessèrent
d'en jouir en perdant le droit de s'assem-

---

viennent indifférens pour la vérité, ou même ses
ennemis; ils s'accoutument à confondre la raison et
la justice avec leurs volontés; ils s'amollissent par
les délices, et ils abandonnent aux autres le poids de
l'état et des affaires; ils se bornent aux seules choses
qui ne demandent ni application ni travail; ils ne
veulent être instruits que de ceux qui ne troublent
point leur repos; ils croient que tout est bien gouverné, parce que tout ce qui les environne n'offre
à leurs yeux qu'une image d'abondance et de félicité.
L'ABBÉ DUGUET. *Institution d'un prince.*

bler ; et , pour ne rien dire de leurs rois ,
dont l'histoire est trop obscure , nous lisons
qu'après leur expulsion, on établit une autre
forme de pouvoir permanent, existant dans
la personne d'un seul , sous le titre de GOU-
VERNEUR PERPÉTUEL(*a*), et qui devoit rendre
compte de son administration ; mais après
avoir jugé neuf de ces présidens perpétuels,
le peuple vit si peu de sûreté sous cette
forme de gouvernement , qu'il en choisit
une autre , et la confia à dix personnes ,
qu'il cassa encore , à cause de leur administration odieuse et oppressive.

Le pouvoir permanent des TRENTE fit
éprouver aux Athéniens les mêmes malheurs. Plus que tous ceux qui les avoient
précédés , les TYRANS établirent cette égalité qu'on reproche au gouvernement du
peuple. Ils condamnoient à mort , bannis-
soient et dépouilloient les citoyens , sans
motif et sans exception ; de telle manière
que les pauvres Athéniens se voyant tourmentés , sous toutes les formes de pouvoirs
permanens , héréditaires ou électifs , se
déterminèrent enfin (et ce fut leur seul re-

____

(*a*) ARCHONTE.

mède), à ne connoître d'autre gardien de leur liberté , que la succession de leurs assemblées solemnelles.

Quoiqu'on puisse objecter que , même sous cette forme de gouvernement , ils se virent exposés à un grand nombre de malheurs et de divisions , l'histoire nous apprend que ce n'étoit pas la faute du gouvernement, mais celle du peuple , qui dévia des règles d'un état libre , en permettant que le pouvoir fût permanent dans les mains de différens individus, qui, ayant, par ce moyen, des occasions de se faire un parti , trouvèrent leur avantage dans les tumultes et les divisions où ils surent entraîner leur concitoyens. Telle fut la véritable cause du peu d'avantage qu'ils en obtinrent , et l'unique raison de tous leurs mauvais succès. Or, si le gouvernement du peuple fut malheureux , c'est parce qu'il erroit toujours par les mêmes causes.

Les Lacédémoniens, après qu'ils eurent, pendant quelques années , essayé le gouvernement d'un seul roi , ensuite de deux rois ensemble , mais dont les familles étoient différentes , établirent les ÉPHORES pour surveiller les rois ; après , dis-je , qu'ils eurent

H 4

connu par eux-mêmes toutes les différentes
formes de pouvoirs permanens , et éprouvé
que tous ces pouvoirs mettoient au même
niveau les intérêts et la fortune du peuple,
il sentirent la nécessité de ne reconnoître
de loix que celles d'un état libre , sous
lesquelles ils vécurent heureux , jusqu'à ce
que , par une erreur semblable à celle des
Athéniens , ils se laissassent entraîner dans
des factions diverses , excitées par des despotes privés , qui s'érigèrent en tyrans et
fomentèrent entre eux des divisions , pour
ramener cette funeste égalité; tels que Manchanidas et Nabis , qui se succédèrent dans
la tyrannie.

Lorsqu'à Rome le pouvoir permanent des
rois fut détruit , et remplacé par celui des
consuls , le peuple ne trouva pas plus de
sûreté pour lui-même et pour ses biens, qu'auparavant ; car le sénat perpétuel et les décemvirs se montrèrent , de même que les
rois , amis de cette égalité , dont l'effet est
de soumettre tous les citoyens à une obéissance aveugle ; et le peuple Romain , forcé
de recourir à la forme d'un état libre , l'é-
tablit dans la succession régulière de ses
grandes assemblées. Ce fut alors et seu-

[...]ment [...]ors, que le peuple Romain connut les avantages de la propriété, et qu'il y eut quelque chose qu'il pouvoit regarder comme lui appartenant; il en jouit sans partage jusqu'à l'instant où, tombant aussi dans les erreurs des Lacédémoniens et des Athéniens, s'écartant des principes d'un gouvernement libre, abandonnant l'exercice du pouvoir à des particuliers, il se laissa diviser en plusiers factions, pour seconder les vues des hommes puissans et ambitieux qui se mirent à leur tête; de telle sorte que, par ce moyen (et par sa propre faute), le peuple Romain fut privé de sa liberté, long-tems avant les jours malheureux des empereurs (a).

C'est ainsi que Cinna, Sylla, Marius, et tous ceux qui leur succédèrent jusqu'à

____

(a) Sous le règne de Tibère, on arrêta dans le détroit de Sicile un chevalier Romain qui cherchoit à se réfugier chez les Parthes; et Cicéron, dans une lettre qu'il écrivoit à Marcellus, alors en exil, lui rappelle : « Dans quelque endroit que vous soyez, souvenez-vous que vous êtes également au pouvoir du vainqueur ». L'empire Romain, sous le règne d'un tyran, pouvoit être considéré comme une prison vaste et sans issue. GIBBON. *Hist. de la décadence et de la chûte de l'Empire Romain.*

César, usèrent de la faveur du peuple pour obtenir la continuation du pouvoir dans leurs mains. Bientôt ayant *embâté* le peuple par la nouvelle forme de gouvernement qu'ils imaginèrent, ils réussirent à le priver de sa fortune, après s'être rendus les maîtres de sa liberté et de sa vie, en prononçant arbitrairement des sentences de mort, des proscriptions, des amendes et des confiscations. Cette égalité (plus insupportable que la première) fut continuée avec le même succès et la même audace jusqu'à César. Ce prince, agissant en favori du peuple, et se servant de l'affection que les Romains avoient pour sa personne, pour affermir l'autorité qui lui étoit confiée, par une suite de cette erreur du peuple, saisit l'occasion favorable pour établir *l'égalité*, en rendant permanent le pouvoir dont il étoit revêtu; ce qui acheva de détruire le droit de propriété, et engloutit, sans retour, la liberté des Romains.

Florence éprouva le même sort, sous toutes les espèces de pouvoirs permanens, sous l'autorité des grands, sous celle de Goderino et du moine Savanarola, jusqu'à Cosme, dont la fourbe criminelle fonda le duché actuel.

Les mêmes raisons et les mêmes erreurs causèrent la ruine entière de la république de Sienne, qui devint la proie de différens gouvernemens.

Mantoue, qui étoit une ville libre de l'empire, ayant négligé de convoquer ses assemblées solemnelles et successives, et souffert que les grands et les riches formassent entre eux une espèce de pouvoir permanent, donna lieu à un certain Pafférimo d'envahir l'autorité, de la conserver par toutes les ruses qu'il put imaginer, et de tout soumettre à sa volonté. Le peuple, pour se soustraire à ses vexations, fut forcé d'employer un remède aussi grand que le mal ; il changea la forme du gouvernement en un petit duché, qu'il remit dans les mains de la famille de Gonzagues (a).

(a) Après la décadence de l'empire Romain, Mantoue fut envahie par les Lombards, et ensuite conquise sur ceux-ci par Charlemagne. Sous les descendans de ce prince, l'Italie étant devenue le partage de divers seigneurs dont le gouvernement dégénéra en tyrannie, Louis de Gonzagues, vers l'an 1328, se fit donner le titre de CAPITAN par l'empereur, chassa le tyran de Mantoue, et obtint la seigneurie de la ville qu'il venoit de délivrer. Ainsi la recon-

On peut donc conclure contre les objections des rois et de leurs favoris , quels
qu'ils soient , qu'un état libre (*a*), gouverné
par les assemblées successives du peuple ,
conserve (dans tous les tems) la liberté et
le droit de propriété ; que cette forme de
gouvernement est constamment opposée
au système d'égalité qu'on lui reproche ;
que ce niveau est au contraire inhérent à
la forme monarchique, et qu'il est en même
tems inséparable de toutes les espèces de
pouvoirs permanens.

La seconde objection , c'est que le gouvernement du peuple cause presque toujours le trouble et la confusion , par le
droit que chaque citoyen possède de voter
dans les assemblées solemnelles , et par
celui qu'il a de pouvoir être choisi à son
tour.

Avant que de répondre à cette objection , nous devons considérer une répu-

___

noissance des peuples a , dans tous les tems , été l'origine de l'oppression tyrannique sous laquelle nous
les voyons assujettis. *Note du Traducteur.*

(*a*) Il est plus aisé de circonvenir un prince et de
le gouverner, que de tromper une nation libre , que
la liberté éclaire et fait penser. L'ABBÉ DE MABLY.

blique sous deux points de vue. 1°. Si elle est bien constituée, et si, étant solidement établie, tous ses membres sont supposés favoriser cet établissement. 2°. Si cette république est encore à son berceau au sortir d'une guerre civile, et si les débris de l'ancien gouvernement subsistent ; enfin s'il se trouve encore beaucoup de citoyens qui se déclarent les ennemis de la constitution naissante.

En premier lieu, il est incontestable que tous les membres d'une république, sans distinction, doivent avoir, dans la plus grande étendue possible, le droit de choisir leurs représentans, dans les grandes assemblées, et celui d'être éligibles ; dans ce cas encore, il faut laisser quelque chose à faire à la prudence humaine, et l'étendue de ce droit d'élection devant être réglée suivant la nature, les circonstances, et le besoin de la nation, il est impossible de la déterminer.

Mais, en second lieu, lorsqu'une république qui vient d'être fondée, respirant à peine, à la suite des horreurs d'une guerre civile, s'élève sur les ruines encore fumantes de l'ancien gouvernement, ne faire aucune distinction entre les citoyens , accorder également à la partie du peuple qui vient de se soumettre à regret , le droit de voter aux élections , et celui d'être éligible , avec la même étendue qu'aux auteurs de la révolution ; ce seroit commettre , non seulement une erreur grossière en politique , mais encore recourir au moyen le plus infaillible pour détruire la république ; ce seroit entretenir, par un mélange monstrueux d'intérêts opposés , la confusion qui suit l'anarchie , et grossir l'orage des discordes si favorables à la tyrannie.

Or il est évident que les ennemis de la liberté , qui , à la fin d'une guerre civile , ont été subjugués , ne doivent point partager les droits du peuple. Cette faveur leur faciliteroit les moyens d'exciter de nouveaux troubles et de perpétuer les divisions , joint à ce que ce seroit exposer au hazard la liberté des citoyens : il est donc de toute équité qu'ils soient privés du droit de cité. Cette exclusion est digne de la sagesse des loix ; elle est conforme aux usages de toutes les nations : la liberté et l'indépendance des citoyens en font une loi , de laquelle dépend essentiellement la prospérité d'une république naissante ; et par cette raison, ceux qui ont commencé la guerre pour assouvir l'ambition des tyrans, au préjudice des intérêts du peuple, ne doivent et ne peuvent être regardés comme faisant partie de ce peuple : mais leurs vainqueurs, devenus leurs souverains, ont le droit de les traiter comme des esclaves, parce qu'ils se sont rendus coupables du crime de LÈZE-MAJESTÉ DU PEUPLE, en combattant contre le peuple, dont ils devoient soutenir la cause ; et que, loin d'assurer l'indépendance, la dignité et l'inviolabilité de sa puissance et de ses prérogatives, au mépris de toutes ces considérations, ils ont été les assassins du peuple. Ainsi ces ennemis de la liberté du peuple ont perdu tous leurs droits et tous leurs privilèges ; et s'il arrivoit que par la suite, et par une grace toute particulière, il leur fût accordé quelque propriété ou quelques jouissances, ils ne doivent jamais les considérer comme leur appartenant de droit, mais au contraire comme une faveur qu'ils obtiennent DE LA LIBÉRALITÉ DU PEUPLE, QUI LEUR PARDONNE.

Dans ces circonstances, la Grèce portoit la sévérité au plus haut degré : comme elle ne limitoit pas les honneurs que l'on rendoit à ceux qui se sacrifioient pour la liberté, elle sévissoit avec la plus grande rigueur contre ceux qui cherchoient en secret à la détruire. Et ceux mêmes qui, de quelque manière que ce fût, avoient osé s'opposer à ses progrès, étoient mis à mort ; on confisquoit leurs biens, et si on leur accordoit la vie, ils la traînoient dans l'esclavage ; souvent encore on les poursuivoit après leur mort, et leur mémoire étoit livrée à une infamie éternelle.

A Rome, on fut moins sévère avec la plus grande partie des Tarquins, après l'expulsion de cette famille ; mais ils ne rentrèrent point dans leurs anciens privilèges. Lorsque par la suite on découvroit quelques citoyens qui, dans les grandes assemblées, avoient conspiré contre les intérêts du peuple, on les bannissoit, on confisquoit leurs biens (sans en excepter même les sénateurs), et ils étoient déclarés pour toujours incapables de remplir aucun emploi dans la république.

Ce fut de cette manière qu'on traita

ceux

x des partisans et des complices de Catilina, qui pouvoient encore donner de l'inquiétude. Sans doute les créatures de César auroient éprouvé le même sort, si ce traître, plus heureux que le premier, n'eût tout-à-fait anéanti le pouvoir contre lequel il s'étoit armé.

Nous avons vu la même chose dans le Milanez, en Suisse et en Hollande, au commencement de leurs révolutions, à l'égard de ces parricides qui, par des conjurations secrètes, et souvent à force ouverte, entreprirent d'étouffer leur liberté dès sa naissance : et l'on ne doit pas s'en étonner ; car, si l'on peut user du droit de conquête envers un ennemi étranger, qui nous a fait la guerre ouvertement, à combien plus forte raison ne peut-on pas s'en servir contre ceux qui, au mépris de la loi, forment le dessein de détruire et d'anéantir la liberté de leur patrie ?

Si donc le peuple, dans son gouvernement, a toujours combattu pour le maintien de sa liberté, il n'a pas été moins actif et moins sévère à punir les attentats de

Tome I.   I

ceux dont la perfidie et les conspirations
ont préjudicié à ses intérêts.

Or , si , à la fin d'une guerre civile , le
peuple a non seulement le droit , mais
encore la ferme résolution d'exclure tous
ces ennemis de la liberté qu'il vient de
subjuguer , et de les priver de toute espèce
de participation dans le gouvernement ; il
s'ensuit que , dans le premier et le second
cas , le peuple est si éloigné d'abandonner
à toutes mains , sans distinction , les rênes
du gouvernement , qu'il a grand soin , au
contraire , de les conserver dans celles des
citoyens qui lui sont dévoués ; et cela pour
éviter de nouvelles guerres civiles , le retour d'un pouvoir abhorré et qui lui est
odieux , et enfin toute espèce de confusion.

On objecte encore que le maniement
des affaires exige un jugement et une expérience , qu'on ne peut attendre des nouveaux membres qui composent à chaque
élection les grandes assemblées.

Mais parce que la liberté se conserve
par la succession des gardiens de l'autorité ; avant de répondre à cette objection
d'une manière précise , nous observerons

d'abord, que dans un gouvernement on doit considérer deux choses, *acta imperii* et *arcana imperii* ; les actes de l'état, et les secrets de l'état. Par les actes de l'état, on entend les loix et les décrets du pouvoir législatif ; ces actes ont le plus d'influence sur le bonheur comme sur les maux de la république. Ces actes seuls peuvent servir de remède contre les abus, les inconvéniens et les usurpations qui l'affoiblissent ou la détruisent. Or les objets sur lesquels portent les abus qui oppressent le peuple, étant à la connoissance de tous ; qui mieux que le peuple, sait quand et comment ils sont insupportables ? Et certes il n'est pas besoin d'une grande habileté et d'un jugement si rare, pour créer une loi capable de remédier aux causes qui s'opposent à la prospérité d'un état, ou qui ralentissent sa marche vers l'achèvement de sa liberté. Ces actes sont du ressort, et ne peuvent émaner que des grandes assemblées du peuple. L'homme le plus nouveau dans les affaires est toujours suffisamment instruit, par les seules lumières de la raison, sur ce qui l'intéresse en sa qualité de citoyen ; ainsi le pouvoir, quand il réside dans les assemblées successives du peuple, ne peut jamais devenir dangereux.

Quant à ce qu'on appelle *arcana imperii*, les secrets de l'état, ou la partie exécutive du gouvernement, pendant l'intérim des grandes assemblées, on observe que ces affaires ne sont point à la portée du commun des hommes, et qu'il est nécessaire, pour les bien administrer, de réunir à l'habileté une sagesse mûrie par le tems et par l'expérience ; il peut donc être avantageux, par cette raison, de les laisser dans les mêmes mains, suivant la bonne ou mauvaise administration de ceux à qui elles ont été confiées. Sans doute cette continuation peut et doit être accordée, quoiqu'avec prudence, parce que, dans le cas où ils se permettroient d'en abuser, ces administrateurs sont toujours soumis à rendre compte de leur conduite, dans les assemblées du peuple. Les dépositaires de la confiance du peuple ne doivent être continués dans l'exercice de leurs fonctions (a), qu'autant de tems qu'il de-

____

(a) On abuse quelquefois des loix ; mais si cet abus est le fait de ceux à qui on a confié le pouvoir,

ment nécessaire , soit pour la sûreté et
l'avantage du peuple , soit pour mettre un
terme aux maux dont il se plaint ; mais
lorsqu'ils y ont pourvu , il importe à la
république qu'ils rentrent bientôt dans
le même état de dépendance où se trouve
le reste du peuple , et qu'ils obéissent aux
loix émanées de leur sagesse , afin que leur
soumission à ces mêmes loix en assure
l'exécution. Alors ils jugeront des avantages comme des malheurs qui pourroient
résulter des loix , puisqu'ainsi que le reste
des citoyens , ils en ressentiront les effets.
Autrement, si les loix devenoient oppres-
sives, à quels moyens pourroit-on recourir
pour y remédier , puisqu'il n'y a pas d'autre
appel des loix sanctionnées par le peuple ,
qu'aux nouveaux représentans qu'il choi-
sira pour succéder aux anciens. ?

---

d'un côté le prince ne peut s'imputer le mal , et
d'un autre côté il est toujours le maître de le réparer. Mais qui le sauvera lui-même de l'injustice, qui
seroit l'ouvrage de sa volonté , et l'action immé-
diate de sa puissance ? Ici les fautes sont presque
toujours terribles, et ne sont réparables qu'aux dépens même de l'autorité, qui perd son crédit lorsqu'elle s'égare , et sa force lorsqu'elle s'abuse. M. Mo-
REAU. *Discours sur la Justice.*

I 3

Dans notre première Partie, nous avons prouvé cette vérité par le raisonnement et par les exemples ; nous n'ajouterons que fort peu de chose, afin de la rendre plus manifeste.

A Athènes, sous le gouvernement du peuple, nous trouvons qu'il étoit dans l'usage de convoquer régulièrement et aux mêmes époques ses assemblées, pour remédier aux maux de l'état, et qu'il y avoit un conseil permanent, l'Aréopage, auquel étoient confiés tous les secrets de l'état et les rênes du gouvernement, pendant l'intervalle de ces assemblées. Aussi-tôt qu'elles se tenoient, les membres qui composoient l'Aréopage, étoient obligés de rendre compte de leur administration ; après quoi ils étoient continués ou exclus, selon qu'il en étoit ordonné par le peuple.

Il en étoit de même à Sparte.

A Rome, lorsque le peuple eut obtenu des assemblées nationales (a) successives, qui avoient le droit de faire des loix, ne sachant comment se délivrer de son sénat

____

(a) LES COMICES ROMAINS. Voyez, sous ce titre, livre iv, chap. iv, Contrat Social.

héréditaire, il permit aux sénateurs et à leurs familles de former un conseil permanent ; mais il le soumit à rendre compte au peuple, dans ses assemblées solemnelles, qui exclut et bannit plusieurs sénateurs pour leurs malversations ; de cette manière, le peuple jouissoit de la sagesse des sénateurs, et réprimoit leur ambition.

Aussi long-tems que Florence fut libre, son gouvernement se maintint dans le même mode.

La Hollande (*a*) et la Suisse sont gou-

(*a*) Il faut que l'état ait peu de besoins, si l'on veut que les magistrats soient justes ; et pour les attacher encore plus étroitement à la justice, il faut que les loix ne leur laissent pas d'autres besoins qu'au reste des citoyens. C'est parce qu'en Suisse on est plus attaché qu'ailleurs à ces règles, qu'on y est aussi plus heureux. . . . Là le gouvernement n'a aucun prétexte pour fouler le peuple et détourner les finances du trésor ; les besoins de l'état étant médiocres, le gouvernement plus aisément gêné dans ses opérations, n'a pu embrouiller l'administration des finances et en faire un chaos : les magistrats, retenus par des loix somptuaires, ne sentent pas la nécessité d'une fortune scandaleuse pour être heureux. Le gouvernement, toujours riche parce qu'il a peu de besoins, il lui a été plus facile de conserver ses usages an-

I 4

vernées par leurs assemblées solemnelles,
au moyen du retour des élections, avec
les plus grands avantages, et sans jamais
préjudicier aux affaires d'état; car, par la
fréquence de ces assemblées successives,
ils conservent leur liberté et publient les
loix, dont l'exécution est confiée à d'autres (a).

Les affaires d'état sont administrées par

---

tiques, c'est-à-dire, de remplir sa destination naturelle et d'être bienfaisant. Ailleurs, l'état appauvrit
les citoyens : ici, il vient au secours de ceux qui ont
souffert une perte ; il aide un citoyen à rétablir sa
maison incendiée ; il dédommage le cultivateur dont
une grêle ou quelque autre accident a trompé les
espérances ; il envoie à des eaux étrangères un in-
firme que la médiocrité de sa fortune feroit languir
dans sa maison. L'ABBÉ DE MABLY.

(a) Ce que l'auteur dit de la Hollande, doit se
reporter au tems de Cromwel, sous lequel il écrivoit.
Depuis, son gouvernement a dégénéré, et long-tems
on a vu les Stadhouders plus despotes que nos rois.
Lassés de languir sous le joug de la tyrannie, les habitans des Provinces-Unies s'efforcent aujourd'hui de
se soustraire au pouvoir arbitraire d'un seul homme.
Cependant un auteur moderne observe que le parti
républicain, en Hollande, est beaucoup plus imbu
des principes de l'aristocratie, que le parti d'Orange,
et que c'est pour cette raison que le premier a tou-

conseil créé par le souverain, auquel (a) il est tenu de rendre compte. Il arrive rarement que la chose publique languisse ou périclite, parce que c'est avec le plus grand soin, et toujours avec une profonde sagesse, qu'il nomme ou suspend les membres qui composent ce conseil.

Ainsi on peut juger de l'importance et de la force de l'objection à laquelle nous répondons, et combien son prétexte est vain contre la puissante sagesse des assemblées successives du peuple. Nous avons vu, au contraire, que les affaires d'état peuvent être aussi bien administrées, si elles ne le sont pas mieux, par les assemblées nationales ou le conseil établi par ces assemblées, que sous toutes les autres formes de gouvernement.

La quatrième objection, et celle que l'on répète avec le plus de confiance, c'est que, dans tous les états libres, le public se trouve souvent exposé à de grands malheurs par

---

jours recherché la protection de la France, tandis que l'Angleterre a toujours soutenu et protégé les prétentions du parti Orange. *Note du Traducteur.*

(a) Voyez Contrat Social, chap. VII, du Souverain, et les suivans.

les tumultes , les orages de la discorde, et
les divisions qui s'y élèvent.

Mais en remontant à la cause de ces dissentions intestines , nous verrons qu'elles
ne sont pas inhérentes à la nature de ce
gouvernement, qu'il ne les nourrit pas dans
son sein , et que ces dissentions sont toujours occasionnées par des causes communes à toutes les formes de gouvernement.
Voici les trois principales :

La première , lorsqu'un des membres de
la république envahit pour lui et pour ses
créatures , ou sa famille , un pouvoir et des
privilèges , à l'aide desquels il s'élève au
dessus du reste du peuple ; qu'il affermit
son crédit et son autorité ; qu'il fait naître
de la loi même toutes les tyrannies ; que la
chose publique est toute concentrée dans
ses mains , et qu'il s'est assujetti le souve-
verain sur lequel il règne , à la faveur des
dissentions qu'il entretient et des discordes
qui sont toujours plus violentes , selon qu'il
importe à son intérêt ou à son ambition.

Tite-Live nous prouve la vérité de cette
assertion. Cet historien observe qu'après
l'expulsion des Tarquins , quoique le sénat
eût établi une nouvelle forme de gouver-

... enant dans ses mains et
... familles patriciennes, toute
..., il prépara dès-lors les
... ens et les divisions qui s'é-
... mi le peuple ; et si Brutus eût
... ome véritablement libre, si, quel-
... ms après, le sénat eût écouté ses con-
... et suivi l'exemple de Valerius Publicola,
... que celui des citoyens dont la con-
... étoit à la fois sage, prudente et po-
... les mécontentemens et tous les mal-
... qu'ils occasionnèrent eussent cessé.
... lorsque le peuple vit les sénateurs
... planer avec orgueil au dessus de lui, et
... il commença à se lasser de supporter
... tout le poids de leur grandeur et de
... dignité ; ce peuple à qui le repos,
... ance et la liberté avoient été promis,
... et qui étoit, au contraire, dépouillé de ses
... privilèges, exclu des emplois, et outragé
... le refus que faisoient les patriciens de
... ntracter avec lui aucune alliance ; ce
... uple, dont la valeur s'étoit soumis tous
... ennemis, sans argent et sans vivres,
... privé enfin de toute espérance, alors se
... souleva et se mutina ; il ne put être appaisé
... que lorsqu'il eut obtenu, par ses grandes

assemblées, le pouvoir de réprimer l'orgueil des grands.

La seconde cause des divisions et des mécontemens qui s'élèvent parmi le peuple, dans un gouvernement libre, a lieu lorsqu'il est abusé et opprimé par ceux qui deviennent ses chefs : c'est ainsi qu'à Syracuse, Denis s'étant montré le zélé défenseur de la liberté du peuple, les habitans de cette ville lui en remirent le commandement ; mais après qu'il l'eut obtenu, il en fit un usage dangereux ; ce qui excita un mécontentement universel, qui ne cessa que lorsque le peuple fut parvenu à expulser celui qui avoit ainsi lâchement abjuré des intentions si pures.

A Sparte, le peuple fut assez tranquille, jusqu'à ce qu'il se vit maltraité, et que les dépositaires de sa confiance trompassent sa crédulité pour miner sourdement la liberté, comme Manchanidas et Nabis.

Il est vrai que, sous le gouvernement du peuple, Rome présentoit quelquefois un spectacle affreux, lorsque les citoyens assemblés en tumulte remplissoient les rues de la ville, après avoir fermé leurs maisons, et qu'ils abandonnoient le commerce, et

ment même sortoient de la ville et la laissoient déserte.

La cause de ces orages que forme un peuple irrité ou mécontent, étoit à Athènes la même qu'à Rome. Et quoique, dans ces deux le peuple aimât naturellement la paix et la tranquillité; néanmoins, lorsqu'il voyoit la chose publique déjouée par les ruses et par les intrigues continuelles du sénat, bientôt (tel est son caractère dans ces circonstances) il perdoit patience. La même chose arrivoit encore, lorsque ceux des sénateurs ou des riches plébéiens que sa faveur avoit élevés, et qui 'en avoient obtenu quelque pouvoir, sous le spécieux prétexte de le protéger et de défendre sa cause, finissoient par le tromper, en suivant un parti opposé à ses intérêts. C'est ainsi que Sylla, de l'ordre des sénateurs, et Marius, de celui des plébéiens, s'emparèrent de la souveraine autorité, sous le prétexte du bien public; mais bientôt, abusant encore de ce même prétexte pour assurer le succès de leurs desseins ambitieux et tyranniques, ils excitèrent ces tumultes, ces haines et ce carnage qui firent verser le sang de tant de Romains.

C'est donc avec injustice que des auteurs, avilis par les espérances qu'ils fondent sur l'or et la faveur des rois , ont tenté de nous persuader que tous ces malheurs étoient inhérens au gouvernement du peuple ; qu'il se les attiroit tous , et qu'ils étoient la suite nécessaire de la forme d'un état libre.

Ainsi César , tout-puissant de la faveur du peuple , s'étant emparé de la force publique , fut la seule et unique cause de cette longue série de guerres civiles et de massacres qui dévastèrent successivement la ville de Rome.

La troisième cause des tumultes et des divisions qui s'élèvent dans une république, existe dans la tyrannie que l'on exerce envers le peuple; car , ainsi que nous l'avons déjà dit, le peuple est porté naturellement à la paix ; il ne désire rien au delà de la jouissance libre et tranquille de ses droits. Mais, si l'on ose l'égarer , et s'il est foulé et opprimé par ceux en qui il a placé sa confiance , il s'élève comme les vagues de la mer, il franchit toutes les bornes de la modération et de la justice , il détruit et renverse tout ce qui s'oppose à sa juste fureur (a).

(a) Tout ce qui est violent dans le corps naturel

Les ennemis de la liberté ne peuvent donc arguer d'aucun exemple des tumultes et des dissentions qui ont eu lieu sous le gouvernement du peuple, et l'histoire n'en fournit aucun dont ils puissent accuser cette forme de gouvernement, que le peuple n'y ait été provoqué par l'astuce, la fourbe et la haute injustice de ceux qui, pour satisfaire un intérêt particulier, n'ont pas craint d'attaquer la liberté publique.

En admettant néanmoins, pour un moment, que le peuple ait un penchant naturel qui le porte à la sédition, comparons ces tumultes, quand ils arrivent, aux malheurs que produit la tyrannie des rois, secondée par le zèle et l'activité des favoris, habiles à prendre les premiers accens de la liberté pour le cri de la révolte, et qui préfèrent un peuple avili, hébété et corrompu (a), aux nobles élans du citoyen.

----

ou politique, n'est pas de longue durée, et en emportant les humeurs vicieuses qu'il cause, il contribue à la fin à fortifier la société qu'elles ont menacée de détruire. BOBERTSON.

(a) Dans l'accord du despotisme asiatique, c'est-à-dire, de tout gouvernement qui n'est pas modéré, il y a toujours une division réelle. Le laboureur,

Les tumultes populaires peuvent être considérés sous trois différens rapports.

Premièrement, les maux qu'ils occasionnent s'étendent sur un petit nombre de personnes déjà coupables, tels que les TRENTE TYRANS à Athènes, les décemvirs à Rome, et tant d'autres, auxquels la fureur du peuple a fait porter avec sévérité la juste peine de leur trahison.

Secondement, ces tumultes ne sont point de longue durée, mais semblables à un accès violent, ils finissent de même, ainsi que nous le voyons par le discours admirable de Menenius Agrippa : il suffit de la vertu et de l'éloquence de quelques citoyens, dont le nom, l'âge et l'intégrité lui inspirent de la confiance et du respect, tels que Virginius et Caton, pour rétablir aussi-tôt le calme et la soumission.

Troisièmement, quoique ces tumultes occasionnent la ruine de quelques particu-

---

l'homme de guerre, le négociant, le magistrat, le noble, ne sont joints que parce que les uns oppriment les autres sans résistance. Et si l'on voit de l'union ce ne sont pas des citoyens qui sont unis, mais des corps ensevelis les uns auprès des autres. *Esprit des Loix*, vol. VI.

liers,

liers, ils finissent toujours par tourner au
plus grand avantage des citoyens : en effet,
à Rome et à Athènes, nous voyons qu'ils
s'opposèrent à l'injustice des grands, et
élevèrent l'esprit du peuple, en lui donnant
une haute idée de sa puissance et de sa liberté (*a*), ce qui contribua beaucoup à
l'agrandissement et à la prospérité de ces
deux empires,

Et n'est-ce pas à la fin de ces tumultes,
que le peuple s'est procuré ces bonnes et
sages loix, dont il a retiré de si grands avantages (*b*), telles que celles des douze Tables,
apportées d'Athènes à Rome, par lesquel-

______

(*a*) Il faut qu'un peuple dont la liberté n'est pas
imperturbablement affermie, soit toujours sur le qui-
vive ; il doit craindre le repos comme l'avant-coureur
de son indifférence pour le bien public, et se faire
une habitude de contredire et disputer, pour n'être
pas la dupe, des vertus vraies ou affectées, par lesquelles un prince pourroit le tromper et lui inspirer
un engouement dont son successeur profiteroit pour
augmenter son autorité. L'ABBÉ DE MABLY.

(*b*) Le citoyen est en droit d'exiger que la société
rende sa situation plus avantageuse. Je conviens
que les loix, les traités ou les conventions que les
hommes font en se réunissant en société, sont en
général les règles de leurs droits et de leurs devoirs :
le citoyen doit obéir tant qu'il ne connoît rien de

Tome I K

les on a étendu sa liberté et augmenté ses privilèges ; par la création des tribuns ; et enfin par celle de ses assemblées solemnelles : ce qui affermit ses droits contre les usurpations des nobles ?

Il n'en est pas ainsi sous le gouvernement des grands : considérons-les dans leurs conseils , dans leurs volontés , et dans leurs

---

plus sage ; mais dès que sa raison l'éclaire et le perfectionne, est-elle condamnée à se sacrifier à l'erreur ? Si des citoyens ont fait des conventions absurdes ; s'ils ont établi un gouvernement incapable de protéger les loix ; si, en cherchant la route du bonheur, ils ont pris un chemin opposé ; si malheureusement ils se sont laissé égarer par des conducteurs perfides et ignorans, les condamnerez-vous inhumainement à être les victimes éternelles d'une erreur ou d'une distraction ? La qualité de citoyen doit-elle détruire la dignité de l'homme ? Les loix faites pour aider la raison et soutenir notre liberté , doivent-elles nous avilir et nous rendre esclaves ? La société destinée à soulager les besoins des hommes , doit-elle les rendre malheureux ? Ce désir immense que nous avons d'être heureux , réclame continuellement contre la surprise ou la violence qui nous ont été faites. Pourquoi n'aurois-je donc aucun droit à faire valoir contre les loix incapables de produire l'effet que la société en attend ? Ma raison me dit-elle alors que je n'ai aucun devoir à remplir, ni pour moi, ni pour la société dont je suis membre ? L'ABBÉ DE MABLY.

ojets. Avec quelle orgueilleuse opiniâtreté ils s'y arrêtent, et combien ils versent de malheurs sur les peuples (a), avant d'y

---

(a) Il suffit de se rappeler le massacre de la Saint Barthélemi. « Jamais entreprise ne fut conduite avec autant de dissimulation, et ne fut exécutée avec tant de cruauté et de barbarie, que le massacre de Paris. Les chefs des Protestans furent attirés à la cour, sur les promesses les plus solemnelles de sûreté et de bienveillance. Dévoués à la mort, ils y furent accablés de caresses, comblés d'honneurs, et traités pendant sept mois avec toutes sortes de marques de familiarité et de constance (J'interromps ici l'historien, et je dis : Ce crime exécrable qui n'avoit jamais eu d'exemple, le roi, Catherine de Médicis, toute la cour de Charles IX, ont médité cette action PENDANT SEPT MOIS ! Quel argument plus puissant en faveur de la préférence que nous devons à un gouvernement libre !... Rois, et vous tous qui environnez le trône, le peuple médita-t-il jamais ses attentats avec autant de constance dans les plus grands excès de sa fureur et de son mécontentement ? Le vit-on jamais se concerter avec autant de calme, d'insensibilité et d'énergie tout ensemble, et sans parler du massacre de Thessalonique, ni des atrocités et des excès commis sous Néron et sous ses successeurs ?...). Ils se reposoient, continue Robertson, sur la parole de leur souverain ; ils vivoient dans la plus parfaite sécurité : le roi donne l'ordre pour leur destruction, et il n'est que trop fidèlement obéi ». *Note du Traducteur.*

K 2

renoncer ? C'est alors que le mal est sans remède, qu'il devient général ; c'es un paroxysme qui débilite et qui affaisse le corps entier de l'état. Et lorsqu'il s'élève parmi les grands des querelles et des divisions, ont-ils d'autre objet, et ne finissent-ils pas toujours par l'oppression du peuple, par le renversement total de sa liberté et de tous ses droits de propriété ?

En considérant la futilité de cette objection, et combien il est absurde de soutenir que le gouvernement du peuple soit la cause naturelle de ces tumultes et de ces dissentions ; nous voyons au contraire, par l'histoire, qu'ils n'ont été que la suite des ruses et de l'ambition de quelques grands, dont les intérêts étoient contraires à ceux du peuple, et qui conspiroient contre sa liberté.

La cinquième objection, et celle qui se trouve sans cesse dans la bouche des royalistes ; c'est que, sous le gouvernement du peuple, il y a peu de sûreté pour la classe opulente des citoyens, par la liberté avec laquelle le peuple les accuse et les calomnie.

La calomnie, qui consiste en entretiens

secrets, en rapports et en fausses accusations, a-t-elle jamais été accueillie, ou même protégée dans un état libre, si différent en ce point de toutes les autres formes ? et n'est-elle pas, au contraire, un vice particulier attaché au gouvernement des grands ? Qui ne sait que de toutes les maximes, celle-ci est la mieux accréditée : « Qu'il importe d'écarter et de sacri- » fier tous ceux qui pourroient, par leur » sagacité et par leur courage, servir d'obs- » tacle à leurs vues » (a) ?

Et ne lisons-nous pas dans l'histoire de toutes les monarchies, que la calomnie a toujours été un moyen tout-puissant et toujours prêt dans les mains des agens qui la répandent ; que l'on s'en est servi comme d'une arme victorieuse, et dont les rois et leurs favoris étoient assurés ? Aussi voyons-nous qu'Aristote, et tous ses commentateurs, ont marqué la calomnie parmi les vices, *inter flagitia dominationis*, qui peuvent être reprochés plus particulièrement au gouvernement des grands.

____

(a) Voyez le *Prince* de MACHIAVEL, chapitres VII et VIII, à la fin de cette seconde Partie.

K 3

Dans la république Romaine, lorsque la corruption étant devenue générale, l'état, dans une profonde léthargie, périclitoit de toutes parts ; les décemvirs et tous ceux qui leur succédèrent, tourmentés du désir de dominer sur le peuple, avoient à leur solde une foule d'espions et de délateurs, pour se saisir de tous les amis de la liberté ; mais quand le pouvoir du peuple, avec toute sa majesté, fut établi dans ses assemblées solemnelles, et lorsque le peuple exerça la plénitude de la souveraineté nationale, où étoient les calomniateurs ?

Quelquefois, il est vrai, les chefs qui lui avoient rendu les services les plus importans, étoient appelés à rendre compte de leur administration. On en a vu qui, pour acquérir un accroissement de pouvoir, sont devenus suspects à la république ; on ne les voyoit plus qu'avec inquiétude, et ils étoient envoyés en exil, ce qui arriva aux deux Scipions.

L'histoire de la république d'athènes nous apprend qu'Alcibiade, Thémistocle, et d'autres, malgré le mérite de leurs actions extraordinaires, furent les victimes de l'ostracisme, pour avoir, par leur con-

duite indiscrète et impérieuse , inspiré de
la crainte et de la jalousie au peuple. Mais
si l'on ne s'étoit pas manifestement écarté
des règles d'un état libre ; si, au contraire,
l'on eût conservé une sage succession de
pouvoir , que l'égalité et la modération
eussent été respectés dans la république
par tous les citoyens ; les uns n'auroient
point eu l'occasion de tyranniser , ni les
autres de craindre ; et le royaliste minu-
tieusement observateur , n'auroit aucun
prétexte pour invectiver et calomnier le
gouvernement du peuple.

Ainsi, dans un état libre, la calomnie n'est
jamais un moyen d'oppression ; et si quelquefois elle paroît devant le souverain ,
nous l'y voyons impuissante et muette !

Quant à la faculté qu'a le peuple d'accuser (a) qui bon lui semble dans ses
assemblées solemnelles , elle est essentielle

____

(a) Tout crime majeur devient une affaire publique , et doit être poursuivi sur une accusation
publique. Aussi, chez les Romains , l'accusation étoit-
elle ouverte à tous les citoyens ; chacun d'eux sembloit tenir en ses mains les droits de la patrie , et étoit
autorisé à les faire valoir. M. LETROSNE. *Vues sur la
Justice criminelle.*

dans un état libre. Sans ce droit, il seroit impossible d'obliger le citoyen à rendre compte de ses actions ; il n'y auroit rien de sacré dans la république ; la vie, la liberté et la prospérité des citoyens y seroient en proie à l'orgueil, à l'avarice et à l'ambition des gens puissans.

Les deux raisons suivantes serviront à démontrer par combien de rapports cette faculté se trouve unie à la force publique, comment elle en augmente les bienfaits, et que la félicité et la prospérité d'un état libre ne se conservent que par l'exercice illimité de ce droit qu'a le peuple d'accuser ses administrateurs.

Premièrement, une des raisons pour lesquelles les rois, et tous ceux qui, comme eux, ont été investis d'un pouvoir permanent, se sont servis de la force publique pour offenser et opprimer le peuple, qu'ils méprisent ; c'est que l'autorité, immuable dans leurs mains, devenoit pour eux une égide qui les mettoit à couvert de la rigueur des loix (a), toujours soumises à

(a) Tant que les loix ne seront faites que pour les sujets, ceux-ci s'appelleront comme ils voudront ; ils

leurs caprices ; qu'ils n'en appréhendent point le blâme, et que la justice, pour eux, sans balance et sans glaive, n'a de puissance que celle des gémissemens et des larmes. Le peuple osa-t-il jamais se permettre de lès accuser ? Ainsi, sans secours et sans protection, le peuple, semblable à un champ ravagé par l'ennemi, languissoit auprès de l'abondance ; et les grands, occupés sans cesse à accroître et à perpétuer ses maux, sourioient avec une joie féroce et impie, à la vue de sa profonde misère, qui étoit leur ouvrage (a).

---

ne seront que des esclaves. La loi n'est rien, si ce n'est pas un glaive qui se promène indistinctement sur toutes les têtes, et qui abat tout ce qui s'élève au dessus du plan horizontal sur lequel il se meut. La loi ne commande à personne, ou commande à tous ; devant la loi, ainsi que devant Dieu, tous sont égaux. Le châtiment particulier ne venge que l'infraction de la loi ; mais le châtiment du souverain en venge le mépris. Qui osera braver la loi, si le souverain même ne la brave pas impunément ? La mémoire de cette grande leçon dure des siècles, et inspire un effroi plus salutaire que la mort de mille autres coupables. RAYNAL.

(a) La justice est l'ame du gouvernement, dont les loix sont la vie. .... Les loix naturelles et les loix

Sans doute, si le peuple avoit conservé le pouvoir de citer, dans ses assemblées solemnelles, ceux qu'il étoit en droit d'accuser, les grands auroient tremblé, à la seule idée de la sévère impartialité de ses jugemens, et ils l'eussent respecté. L'état, dans toutes ses parties, présenteroit le tableau imposant de la félicité publique ; alors la liberté des citoyens seroit efficacement protégée, et leur fortune assurée ; les grands, dont la volonté se trouveroit enchaînée, se garderoient d'attenter aux droits du peuple, en considérant que tous leurs efforts seroient vains. Ainsi tout confirme cette excellente maxime de politique, si souvent répétée : *Maximè interest repub. libertatis, ut liberè possis civem aliquem accusare.* « Il est nécessaire, pour conser- » ver la liberté dans une république, qu'il » soit permis à tous d'accuser un citoyen » quelconque ».

Secondement, ce droit d'accuser qu'a le peuple dans un état libre, paroît d'autant plus nécessaire, qu'il a toujours été le seul

---

civiles sont impuissantes, lorsque le pouvoir destiné à les faire respecter se change lui-même en licence. M. MOREAU. *Discours sur la Justice.*

de contre l'injustice et l'orgueil des grands. C'est donc un moyen victorieux pour étouffer l'envie, et ces jalousies et ces soupçons qui jettent tous les esprits comme dans un accès de fureur, à la vue de qui-conque, au mépris de l'égalité, s'élève si fort au dessus des citoyens, que les plus considérables lui portent envie; c'est alors que le droit qu'a le peuple d'accuser qui bon lui semble dans ses assemblées solem-nelles, suffit pour contenir celui qui, par son orgueil et son ambition, formeroit le dessein de concentrer dans ses mains la souveraine autorité, afin de s'en affranchir; et qui, fier du nombre et de l'élévation de ses partisans, refuseroit de rendre compte de son administration. N'avons-nous pas vu le peuple, lorsqu'il a été privé de la faculté d'accuser ses oppresseurs, animé par le désir de mettre un terme à ses maux, se précipiter avec fureur, et renverser, pour les punir, tous ceux dont la tyrannie in-sultoit à ses droits et à sa liberté (a) ? A

(a) Voyez Livre des Rois, chap. xii. Samuel invita le peuple à déclarer devant le Seigneur, si son administration avoit été oppressive et tyrannique. Les Israélites lui répondirent : « Vous ne nous avez point

la suite d'une crise si violente, la république présenteroit, de toutes parts, le spectacle de sa grandeur et de sa puissance expirantes.

La plupart des tumultes qui s'élevèrent à Rome, eurent lieu, parce que le peuple n'y avoit pas encore le droit d'accuser ses oppresseurs ; et ce fut particulièrement sous la tyrannie insupportable des décemvirs, qui avoient eu soin de priver le peuple du droit d'appel (*a*) (ce qui mettoit leurs jugemens au niveau des loix les plus justes, lorsqu'elles sont sagement administrées). La conduite insensée de ces législateurs excita ce soulèvement général, qui mit fin à leurs injustices et à leur gouvernement,

---

» opprimés, ni par de faux crimes, ni par violence, et » vous n'avez rien pris de personne injustement ». Cette soumission et ce respect de Samuel pour les droits du peuple, établit d'une manière admirable le droit qu'a le peuple de faire rendre compte à ceux qu'il a revêtus de la souveraine autorité ; et tous les efforts des fauteurs de la tyrannie expirent devant ce témoignage rendu par Samuel à la liberté du peuple. *Note du Traducteur.*

(*a*) Un jugement erroné, et qui est sans appel, est un mal auquel la loi ne peut apporter de remède. M. LETROSNE. *Vues sur la Justice criminelle.*

qui n'étoit devenu si odieux, que parce que
les commencemens en avoient été pros-
pères. Lors donc que le peuple eut obtenu
la liberté d'accuser et de punir tous les citoyens, sans exception, au moyen de l'autorité dont ses tribuns étoient revêtus, on
le vit aussi-tôt cesser tous ces excès et ces
violences. Il s'en rapportoit avec confiance
au succès d'une accusation. Nous en voyons
la preuve dans celle de Coriolan. Le peuple, indigné de ce qu'un sénateur qui s'étoit
rendu coupable envers lui, s'appuyoit de la
protection et de la faveur des patriciens,
résolut de s'en venger : Coriolan auroit été
mis en pièces, au moment où il sortoit du
sénat, si les tribuns, qui accoururent à son
secours, n'avoient promis et fixé un jour pour
connoître de l'accusation intentée contre
lui. Dès-lors on vit renaître le calme et la
tranquillité ; et si le peuple n'avoit pas été
armé du droit d'accuser, Coriolan eût été
la victime de sa fureur. A combien d'excès
et de malheurs auroit été exposée la république, par les horreurs et les vengeances
qui auroient suivi l'assassinat d'un homme
aussi considérable ?

Dans l'histoire de Florence, nous lisons
qu'un certain Valesius s'étoit si fort élevé,

qu'il avoit le faste , toute la puissance et
le cortège d'un prince : il se maintint avec
tant d'art et d'habileté , que le peuple, dé-
sespérant d'arrêter le cours de ses injustices , ne connut d'autre moyen que de
prendre les armes. On vit répandre le sang
des citoyens les plus illustres et les plus
considérables de la république, avant qu'ils
fussent parvenus à détruire sa puissance.
Ces orages de la discorde auroient été con-
jurés , si les Florentins avoient eu le droit
d'accuser le tyran devant le tribunal du
peuple.

Dans la même république , Soderino
avoit si bien affermi son autorité , qu'il
étoit impossible de lui faire rendre compte
de son administration. Dans quel abyme
le désespoir et la rage peuvent précipiter
un peuple , quand il se laisse aveugler par
la fureur ? Les Florentins, n'écoutant que
leur vengeance, recoururent à un remède
infiniment plus désastreux que la tyrannie
dont ils désiroient de s'affranchir, en appelant les Espagnols dans leurs murs ; ce qui
manqua de causer la ruine de la république.
Sans doute ce peuple n'auroit pas été réduit
à de si fâcheuses extrémités , s'il eût eu le
droit d'accuser Soderino.

Nous pouvons donc conclure que les intrigues et les sourdes machinations de la calomnie sont moins puissantes sous le gouvernement du peuple , que dans tout autre. Et parce que la faculté dont le peuple jouit , de juger ceux dont il est mécontent, en les accusant , est d'une absolue nécessité pour la prospérité d'une république , la cinquième objection tombe d'elle-même : en effet, de quel poids pourroit-elle être , et comment affoibliroit - elle la dignité et l'excellence d'un état libre, établi dans la succession régulière de ses grandes assemblées ?

On objecte enfin que le peuple est naturellement factieux , inconstant , et ingrat.

Nous avons déjà démontré que le gouvernement du peuple est le seul opposé à l'esprit de faction , parce que pour élever une faction , il est nécessaire que ceux qui en formeroient le dessein aient l'occasion et le tems de perfectionner leurs projets , en déguisant leurs vues , en se faisant des partisans et des complices , et en détruisant tous ceux qui leur sont opposés ; et ce tems , on ne peut l'obtenir , lorsque, par le mode du gouvernement , le pouvoir n'est jamais fixé dans les mains de quelques individus ; mais qu'au contraire il est conservé dans les mains du peuple, par la succession régulière de ses assemblées.

Nous remarquons aussi que le peuple n'est jamais le chef ni l'auteur d'une faction, qu'il y a toujours été entraîné par l'influence étrangère de quelque pouvoir permanent qui le fait agir, sous le prétexte de rendre sa situation plus heureuse, et que les grands s'en sont toujours servis pour affermir leur autorité et pour accroître leur fortune, au préjudice des intérêts du peuple, dont ils ne se soucient qu'en raison de l'amour et de la profonde soumission avec lesquels le peuple seconde leurs projets et leur ambition.

C'est par ce moyen que Sylla, Marius, Pompée et César se sont partagé l'empire Romain, et que dans la suite il fut divisé par les triumvirs ; mais dans tous ces grands changemens qui s'opérèrent, le peuple, purement passif, n'agissoit que d'après les insinuations et les vues de chacun des chefs de faction.

Ainsi nous avons vu l'Italie divisée entre les Guelphes et les Gibelins ; et la France déchirée

déchirée par les deux factions d'Orléans et
de Bourgogne, et depuis par les Guise et
leurs partisans. Dans toutes ces factions,
le peuple, toujours soumis, se conduisoit
par les manoeuvres et d'après les promesses
de ses chefs respectifs.

La même chose arriva en Angleterre,
entre la maison d'Yorck et celle de Lancastre ; ainsi le peuple n'est pas naturellement
factieux, et nous voyons qu'il ne s'engage
jamais dans aucun parti, sans y être attiré
par des chefs puissans et ambitieux.

Le second reproche est l'inconstance (a),

(a) Une nation s'accommode souvent d'un gouvernement bizarre et vicieux, dont tous les ressorts
se contrarient ; comment penseroit-elle à changer
un gouvernement qui ne la rend pas malheureuse ?
Plus d'états ont dû leur ruine ou des malheurs passa-
gers à l'attachement opiniâtre qu'ils ont eu pour leurs
coutumes ou leurs loix, qu'à la passion de les changer. Parcourez l'histoire, et montrez-moi des peuples
qui soient tombés dans l'anarchie à force de changer
leur gouvernement ; c'est parce qu'ils sont routi-
niers, qu'ils oublient au contraire et perdent enfin
leurs loix fondamentales. De simples coutumes in-
troduites par le tems, le besoin des circonstances,
ou la négligence et la passion des magistrats, ac-
quièrent peu à peu de l'autorité ; elles n'en ont pas
assez pour faire taire les loix ; et les loix, quoique

Tome I.   L

sans doute, lorsque le peuple est tellement détérioré par le contact de tous les vices, que dans sa perversité il ne lui reste plus ni force, ni énergie, ni courage ; déjà le souvenir de sa puissance est effacé ; une *inertie morale* a enchaîné sa volonté ; on n'apperçoit plus qu'un peuple énervé par la tyrannie : l'ignominie et la honte ont achevé de détruire jusqu'aux moindres traces de sa grandeur et de sa liberté (*a*) ; alors

languissantes, ont encore assez de force pour lutter contre les coutumes ; et c'est alors, et de cette seule manière, que les nations tombent dans l'anarchie. L'ABBÉ DE MABLY.

(*a*) Le dernier terme des maux d'une république, c'est quand les citoyens sont familiarisés avec la honte, et que, couverts tranquillement d'ignominie, la gloire ne leur paroît qu'une vaine chimère. Une philosophie criminelle fait-elle regarder en pitié un héros, et même un simple honnête-homme ? comptez que tout est perdu. La république ne sera pas agitée par des commotions violentes, parce qu'on n'y a même plus de vices qui supposent une sorte de force et d'élévation dans l'ame : craignez ce calme perfide. La vérité n'est plus dans les cœurs ; le mensonge est dans toutes les bouches. Un vil intérêt n'est pas seulement la règle des actions des citoyens, il est l'ame de leurs pensées. Vous verrez les magistrats se tendre mutuellement des pièges ; vous

voit la république s'écrouler de toutes parts, ainsi s'anéantirent les républiques d'Athènes, de Rome, de Florence; et néanmoins le peuple Romain donna un rare exemple de constance, en se montrant, dans tous les tems, l'ennemi irréconciliable de toute espèce de tyrannie, et particulièrement de la royauté; et lorsqu'il fut parvenu à déposer la souveraine autorité dans ses assemblées suprêmes, il fut si jaloux de la conserver, que les tyrans qui usurpèrent la souveraine puissance, ne parvinrent qu'après beaucoup de tems et par une adresse extraordinaire, à le priver de la liberté dont il jouissoit.

Nous observons encore que, dans ses élections, le peuple Romain ne put jamais se laisser persuader jusqu'à choisir un homme notoirement infame, ou dont la probité auroit été douteuse : il se trompoit rarement dans le choix de ses tribuns,

---

verrez l'ambitieux ne travailler qu'à décrier son concurrent par des calomnies, vouloir perdre ses rivaux, mais ne pas se donner la peine de valoir mieux qu'eux. En un mot, les vices les plus bas ont jeté les esprits dans une léthargie mortelle, qui ne laisse aucune espérance de salut. L'ABBÉ DE MABLY.

ainsi que dans celui de ses autres officiers ;
et comme, dans la promulgation des loix,
on n'avoit d'autre but que d'assurer et de
perpétuer le bien public, sa fermeté, pour
en obtenir l'exécution, ne se ralentissoit
jamais, quels que fussent les ruses, les insinuations et les intérêts des nobles, qui ten-
toient tous les moyens pour obtenir du
peuple qu'il consentit à en abroger quel-
ques-unes ; et ce ne fut que par succession
de tems, lorsque la face des affaires fut
changée, et que des circonstances inespé-
rées lui eurent prouvé que leur abolition
étoit devenue nécessaire et avantageuse, que
ce peuple consentit à ce qu'elles fussent
abrogées (a).

(a) Il ne faut jamais souffrir qu'aucune loi tombe
en désuétude ; fût-elle indifférente, fût-elle mauvaise, il faut l'abroger formellement, ou la maintenir
en vigueur. Cette maxime est fondamentale ; elle
obligera de passer en revue toutes les anciennes loix,
et de donner la sanction la plus sévère à celle qu'on
voudra conserver. On regarde en France comme
une maxime d'état, de fermer les yeux sur beaucoup de choses : c'est à quoi le despotisme oblige
toujours. Mais dans un gouvernement libre, c'est le
moyen d'énerver la législation et d'ébranler la constitution : peu de loix, mais bien digérées, et sur-tout

Il n'en a jamais été ainsi sous le gouvernement des rois, et sous toutes les espèces de pouvoirs permanens : on les a vus constamment se livrer à toutes les extrémités de l'inconstance, sous le spécieux prétexte d'un nouveau projet, ou d'un sujet de mécontentement ; ce qui arrive dans toutes les occasions qui paroissent favoriser leurs desseins ; et nous voyons, par l'histoire, qu'ils ont toujours eu pour coutume de changer à tous momens de principes (a). Dans

---

bien observées. Tous les abus qui ne sont pas défendus, sont encore sans conséquence ; mais qui dit une loi dans un etat libre, dit une chose devant laquelle tout citoyen tremble, et le roi tout le premier. En un mot, souffrez tout, plutôt que d'user le ressort des loix ; car quand une fois ce ressort est usé, l'état est perdu sans ressource. J. J. ROUSSEAU. *Gouvernement de Bologne.*

(a) Si je vous faisois voir quelle semence féconde de maux une seule loi injuste est capable de jeter dans un état ; si je vous démontrois que les vices les plus énormes de la plupart des gouvernemens ne doivent leur origine qu'à une erreur même légère, qui tendoit à dégrader la dignité des hommes ; si je vous faisois envisager les suites funestes de cette obéissance aveugle et servile, qui, au mépris de notre raison et de la nature qui nous en a doués, nous transforme en auto-

ces états , on voit les chefs se jouer , sans pudeur , des sermens , des protestations et des engagemens qui paroissent les mieux cimentés (a).

On en a un exemple mémorable dans la vie du feu roi CHARLES I. Il portoit l'inconstance au plus haut degré : ses promesses , ses protestations et ses sermens , qu'il prononçoit sous la garantie même du Tout-puissant , et par lesquels il prétendoit se lier , ainsi que toute sa famille , étoient aussi-tôt oubliés et démentis par ses actions.

Enfin , lorsque les ennemis du gouvernment républicain accusent le peuple d'être naturellement ingrat , ils se fondent sur les histoires de Rome et d'Athènes : nous voyons en effet que l'on y manqua d'égards pour

mates ! que sais-je ? quand l'amour de l'ordre et du repos n'est pas éclairé , si je vous prouvois qu'il nous précipite rapidement au devant de tous les maux que nous voulons éviter ; si je vous découvrois que le despotisme , avec ses prisons , ses gibets , ses pillages , ses dévastations sourdes , et ses imbécilles et cruelles inepties , est le terme inévitable des principes de vos jurisconsultes ! L'ABBÉ DE MABLY.

(a) Voyez *Contrat social* , liv. III , chap. VI, DE LA MONARCHIE.

ceux qui avoient rendu les services les plus
signalés à la patrie, tels qu'Alcibiade, Thémistocle, Phocion, Miltiade, Furius,
Camille, Coriolan, et les deux Scipion : mais que pourroit-on en conclure ? Plu-
tarque et Tite-Live ont suffisamment prouvé
que ces grands hommes s'étoient attiré leurs
disgraces par leur conduite indiscrète et
pleine de hauteur, et que l'abus qu'ils firent
du pouvoir les avoient rendus suspects et
odieux au peuple. Parmi tous ces illustres
personnages, les deux Scipion nous paroissent les plus malheureux, en considérant
que leur seule faute a été d'avoir acquis un
trop grand pouvoir, et de l'exercer avec
trop d'empire. Mais si nous observons quel
est le caractère d'un peuple jaloux de sa
liberté, cette faute est sans doute la plus
grande que puissent commettre les membres d'une république. Quant à Camille et
Coriolan, ils méritèrent bien leur sort, puisqu'ils usèrent du pouvoir et du crédit dont
ils jouissoient, en considération de leurs importans services, pour exercer avec plus
d'énergie la haine implacable qu'ils portoient
au peuple : néanmoins Camille, par une
faveur particulière, recouvra, avec ses biens

L 4

et ses dignités, l'estime de ses concitoyens,
peu de tems après après son bannissement.

Beaucoup de gens ont blâmé cette conduite du peuple, mais les plus sages en ont
approuvé les motifs ; et, disent-ils, c'est
une preuve que la république est encore
saine, pure, et pleine de vie (a). Le peuple
est heureux quand il possède l'activité et

(a) Nous sommes convenus, comme d'une vérité
incontestable, que le citoyen doit obéir au magistrat,
et le magistrat aux loix ; et vous devez être sûr que,
dans une république où cet ordre sera observé,
l'injustice des loix ne fera jamais naître de querelles
pernicieuses. Mais puisque ces heureuses républiques
sont rares dans le monde, puisque les hommes, toujours portés à la tyrannie ou à la servitude par leurs
passions, sont assez méchans ou assez sots pour faire des
loix injustes et absurdes, quel autre remède peut-on
appliquer à ce mal, que la désobéissance ? Il en naîtra
quelques troubles ; mais pourquoi en être effrayé ? Ce
trouble est lui-même une preuve qu'on aime l'ordre
et que l'on veut le rétablir. L'obéissance aveugle est,
au contraire, une preuve que le citoyen hébété est
indifférent pour le bien et pour le mal, et dès-lors,
que voulez-vous espérer ? L'homme qui pense, tra-
vaille à affermir l'empire de la raison ; l'homme qui
obéit sans penser, se précipite au devant de la servitude parce qu'il favorise le pouvoir des passions.
L'ABBÉ DE MABLY.

le zèle nécessaires pour conserver sa liberté,
quand il s'oppose avec courage à l'accroissement des pouvoirs qui pourroient faci-
liter aux grands les moyens de ravir au
peuple le plus foible des avantages qu'il
retire de sa liberté : ce moyen est le plus
propre à réprimer leur ambition ; il suffit
pour les contenir dans des bornes légitimes
et raisonnables. Les grands se persuadent
alors qu'ils ne peuvent s'agrandir, ni augmenter leur autorité et leur crédit, sans
s'exposer à toute l'indignation du peuple
et à toute son anidmadversion.

Telles sont les raisons pour lesquelles le
peuple a souvent puni ceux mêmes qui lui
avoient rendu les services les plus signalés.
Mais, d'un autre côté, il a toujours été si
éloigné de l'ingratitude, qu'on l'a vu accu-
muler les récompenses et les honneurs sur
ceux qui avoient bien mérité de la patrie,
aussi long-tems qu'ils se sont conformés
aux loix et se sont conduits de manière
à ne point donner d'ombrage à la liberté.
N'est-ce pas sous le gouvernement du peuple, que les statues, les couronnes, les
lauriers, les sacrifices, et l'apothéose enfin,
ont été imaginés pour éterniser la mémoire

des héros qui avoient défendu la liberté, qui étoient morts au service de la patrie, et dont les vertus et les talens soutenoient la splendeur et la majesté de la république (a)? C'est donc avec injustice que l'on

---

(a) Sous le gouvernement monarchique, les grands talens, et ces vertus qui caractérisent l'homme public, sont récompensés par les prééminences du rang et des dignités. Le trésor public est constamment ouvert pour alimenter et accroître, s'il est possible, les jouissances de celui à qui le roi a dit : SOIS GRAND, TOI ET TOUTE TA RACE ! — Certes, une semblable gratitude de la part du souverain, est bien au dessus des marques d'estime QUE DONNE UN PEUPLE LIBRE ! L'estime du prince, sa bienveillance, et plus particulièrement les décorations et l'or dont il accompagne tant de bienfaits, sont d'un autre prix que l'amour et la vénération du peuple. Ces dignités transmissibles, et cet or qui ne s'épuise qu'avec l'état, ne peuvent se comparer avec cette conscience du citoyen, qui compte autant d'amis qu'il y a de citoyens vertueux dans la république, et qui ne se croiroit pas meilleur et plus élevé que les autres, si les plus sages ne lui rendoient hommage en le proposant pour modèle à leurs enfans.

Il y a cette différence entre le gouvernement des rois et celui d'un peuple libre : le premier altère les vertus les plus pures, en les environnant de ces honneurs transmissibles et perpétuels, qui éveillent

ccuse le peuple d'ingratitude. Les fastes
de tous ces états dont les chefs sont re-

---

toutes les passions sans jamais leur accorder aucun
repos ; il y ajoute l'or, afin que celui qui se seroit
maintenu vertueux et bon, connoisse l'usage des
richesses, qui diminue de notre amour pour l'égalité, en nous élevant au dessus de nos concitoyens,
et qui resserre de plus en plus les nœuds de l'obéissance et de la soumission ; de ces richesses qui
glacent l'ame la plus ardente pour la liberté, et subs-
tituent les fausses délices de l'autorité, à ce sentiment si pur et si puissant qui nous porte sans cesse
vers la patrie. « C'est l'estime publique, dit Mably,
qui étant la récompense naturelle de l'amour de la
gloire, peut seule porter notre ame à un certain
degré d'élévation. C'est ne pas connoître les hommes,
que de vouloir les exciter aux grandes actions autrement que par une branche de laurier ou une statue.
C'est avilir la vertu, c'est la profaner, que lui présenter un prix que l'avarice et la convoitise peuvent
seules désirer. Quand l'espérance d'acquérir des
richesses porteroit à l'héroïme, leur possession ne
l'étoufferoit-elle pas? Princes malheureux, en com-
blant de biens vos courtisans, vous êtes parvenus à
n'en faire que des esclaves et des mercenaires ; ils
ne sont plus dignes que des récompenses qu'ils
reçoivent « !

Dans un état libre, les honneurs et les récompenses tournent au plus grand avantage de la répu-

vêtus d'une autorité permanente , nous offrent des exemples sans nombre de leur ingratitude envers ceux qui leur avoient rendu les plus grands services ; et c'est une maxime d'état, chérie des rois et des princes, qui , comme le dit *Tacite* , se trouvent toujours offensés par les plus belles actions de leurs sujets.

Ce fut à cause de leurs actions héroïques qu'Alexandre haïssoit Antipater et Parménion (*a*) , et qu'il fit assassiner ce dernier.

---

blique ; plus il en est accordé , plus l'état prospère, plus il est puissant.

Les honneurs et la fortune sont un aimant qui attire les ames communes !..... Mais le citoyen ? *Note du Traducteur.*

(*a*) Alexandre usant de la plus absolue tyrannie , après avoir fait appliquer à la question Philotas , fils de Parménion , tous deux ses plus intimes confidens, ne se contenta pas de souiller ses lauriers du sang de cet officier, accusé d'une prétendue conspiration par les ennemis de sa gloire et de celle de son père. Alexandre, qui lui avoit tendu la main en signe d'amitié, et l'avoit retenu à souper le jour même qu'il donnoit, de sang-froid , l'ordre de le charger de chaînes; cet Alexandre nous donne une haute idée de la profonde perfidie des rois. Et , comme s'il eût craint qu'il manquât à sa gloire de n'avoir pas excellé dans la science du crime, il choisit Polydamas pour

Et ne vit-on pas l'empereur Vespasien renverser la fortune du vertueux Antonin ,

---

assassiner Parménion (quoiqu'il sût que Polydamas
étoit l'ami de ce grand homme). Il lui remit, avec sa
lettre pour ce capitaine, un pacquet sur lequel il
avoit apposé le cachet de Philotas, dont le corps
avoit été à la fois déchiré sous le fouet. et brûlé par
la main des bourreaux; de Philotas, qui ne vivoit
déjà plus ! Après avoir rapporté l'histoire de l'assassinat de Parménion, Quinte-Curse ajoute : » Ainsi finit
ce grand homme, illustre dans la paix comme dans
la guerre , qui avoit fait plusieurs belles choses sans
le roi, au lieu que le roi n'avoit jamais rien fait de
grand sans lui. Il sut contenter un prince d'autant
plus difficile, qu'il étoit prodigieusement heureux,
et qu'il vouloit que l'on secondât sa bonne fortune.
Il étoit âgé de soixante et dix ans, et avoit fait en sa
jeunesse toutes les fonctions de capitaine , et souvent celles de simple soldat. Il étoit sage et pénétrant
dans ses conseils, homme d'exécution, aimé des
grands, et plus encore des gens de guerre ». *Tra-
duction de M. de Vaugelas.*

Dans les tems modernes, nous avons vû Louis XIV
former le dessein de s'assurer du surintendant Fou-
quet, au milieu d'une fête brillante à laquelle il faisoit l'honneur à ce favori d'assister. Et ne savons-
nous pas que Louis XV n'étoit jamais plus affable
qu'à l'égard de ceux dont il avoit consenti la perte.
De nos jours, le cardinal de Rohan, après avoir été
déchargé de toute accusation par un arrêt du parle-

après l'avoir dépouillé de toutes ses dignités? Alphonse d'Albuquerque éprouva le même sort, de la part du roi de Portugal; et le grand Consalve, de Ferdinand d'Aragon. Quelle fut ta récompense, ô Stanley! issu de l'illustre maison de Derby; toi qui

---

ment, ne fut-il pas retenu à la Bastille, et bientôt après envoyé en exil par Louis XVI, surnommé le Bienfaisant. Avons-nous oublié l'imbécille audace avec laquelle, au mépris de tout ce qu'il y avoit de sacré, on a osé se saisir, en plein parlement, de celui de ses membres que le zèle pour la liberté et l'amour de l'ordre avoient porté à faire un arrêté qui loit le roi et enmuseloit ses ministres, afin de garantir les citoyens de l'éruption de leur démence et des invasions de leur avarice, qui ne tendoient à rien moins qu'à perpétuer la misère et à éterniser l'opprobre et l'anéantissement que la servitude entraîne à sa suite.

Les rois, sont par leur nature, un composé de qualités si diverses!.... Et si, lors même qu'ils s'avisent de n'être pas des scélérats, les peuples sont malheureux, que peut-on raisonnablement en attendre? Voyez dans les ouvrages de l'abbé de Condillac, ce que ce philosophe a écrit pour le duc de Parme, son élève, sur Alexandre et sur Louis XIV. On ne peut rien ajouter au tableau qu'il nous a donné du premier, et à l'idée qu'il fait naître du caractère du second. *Note du Traducteur.*

plaças la couronne sur la téte d'Henri VII !.
Ainsi Sylla immola sans pitié ceux de ses
amis qui l'avoient élevé à la dictature ;
Auguste sacrifia Cicéron, son intime ami,
à la vengeance implacable d'Antoine.

Nous avons suffisamment répondu aux
principales objections des ennemis d'un
état libre ; mais avant d'examiner quelles
sont les erreurs des gouvernemens et les
règles d'une bonne politique, nous pensons
que, sans nous écarter du sujet que nous
traitons, il convient d'établir cette vérité,
de laquelle dérivent toutes les autres : « Que
» l'origine et la source de tout pouvoir lé-
» gitime est dans le peuple ».

Observation du Traducteur.

SI quelqu'un me faisoit le reproche de
me contredire en parlant du ROI CI-
TOYEN qui nous gouverne, je répondrois
que, lorsqu'en 1784 je lui consacrai l'inscription que j'ai insérée dans une des notes
de la préface de cet ouvrage, je fis l'éloge
de son cœur. Eh! qui doute que Louis XVI
n'ait toutes les qualités rares du bon Titus?

J'observerai enfin que si je blâme S. M. à l'occasion des abus d'autorité qu'elle a permis qui fussent commis sous son règne, c'est une preuve qu'il m'est impossible de l'admirer, lorsque sa conduite ou celle de ses ministres excitent un sentiment différent de la reconnoissance et de l'admiration.

APPENDICE

APPENDICE
DU TOME PREMIER.

J'AI pensé que les chapitres VII et VIII du livre intitulé, LE PRINCE de NICOLAS MACHIAVEL, et auxquels j'ai renvoyé le lecteur, page 149 de la seconde partie de cet ouvrage, formeroient une addition à tous les raisonnemens de Needham, dont le lecteur pourroit tirer un grand avantage. Les maximes que Machiavel fait profession d'enseigner, et les éloges qu'il prodigue à ces habiles politiques qui ont été des scélérats couronnés, ne peuvent qu'ajouter à toutes les raisons qui militent en faveur de l'excellence d'un gouvernement libre.

CHAPITRE VII.

Des principautés nouvelles que l'on acquiert par les forces d'autrui ou par bonheur.

COMME ceux qui, de particuliers, deviennent princes, seulement par bonheur,

Tome I. M

ont peu de peine à le devenir, ils en ont beaucoup à se maintenir. Ils ne trouvent point d'achoppement en chemin, parce qu'ils volent au trône plutôt qu'ils n'y vont; mais quand ils y sont assis, c'est alors qu'ils voient éclore toutes les difficultés. Or ces princes sont ceux à qui un état est donné, ou pour de l'argent, ou en pure grace, tels qu'étoient ceux que fit Darius pour sa sûreté et pour sa gloire, en divers endroits de la Grèce et de l'Hellespont, et ces empereurs qui, de particuliers, parvenoient à l'empire par la faveur des soldats corrompus. Ceux-ci ne se maintiennent que par la volonté et la fortune de ceux qui les ont agrandis. Or ce sont deux choses très-sujettes à changement. Et d'ailleurs ils ne savent ni ne peuvent conserver ce rang : car si ce n'est pas un homme de grand esprit, comment saurat-il commander, ayant toujours vécu dans une fortune privée ; et quand il sauroit commander, comment le pouroit-il, n'ayant point de milice qui lui doive être amie ni fidèle. De plus, il en est des états qui naissent tout à coup, comme de toutes les autres choses qui naissent et qui croissent subitement. Ils ne peuvent avoir de si fortes racines , ni de si bonnes correspondances , que la première adversité ne les ruine , si ceux qui sont devenus subitement princes, de la manière que j'ai dit , ne sont assez habiles pour trouver d'abord les moyens de conserver ce que la fortune leur a mis entre les mains , et faire , dès qu'ils sont devenus princes , les fondemens que les autres ont faits avant que de l'être. Je veux rapporter deux exemples de mon tems , sur les deux manières de devenir prince par mérite ou par bonheur. L'un est de François Sforce, qui, d'homme privé, devint duc de Milan par sa grande habileté , et conserva sans peine ce qui lui en avoit tant coûté à acquérir. L'autre est de César Borgia , appelé communément le duc de Valentinois , qui acquit un état par la fortune de son père , et le perdit aussi-tôt que son père fut mort , quoiqu'il eût fait tout ce qu'un homme habile et prudent devoit faire pour s'enraciner dans un état qu'il tenoit de la fortune d'autrui. Car celui qui n'a pas jeté les fondemens avant que d'être prince, y peut suppléer par une grande adresse , après l'être devenu comme je l'ai

M 2

dit : mais l'architecte et l'édifice courent toujours grands risques. Si l'on considère tous les progrès du Valentinois, on verra qu'il avoit préparé de grands fondemens à sa future puissance : et je crois qu'il n'est pas superflu d'en parler, ne trouvant point de meilleur exemple à proposer à un prince nouveau, que le sien ; car si les mesures qu'il avoit prises ne lui réussirent pas, ce ne fut point par sa faute, mais par une extraordinaire malignité de la fortune. Son père rencontra force difficultés à le faire grand. 1°. Il voyoit qu'il ne lui pouvoit donner aucun état qui ne fût à l'église, et que, s'il en démembroit quelques villes, le duc de Milan et les Vénitiens, qui tenoient déjà Fayence et Rimini sous leur protection, ne le souffriroient pas. 2°. Que les armes d'Italie, dont il eût pu se servir, étoient entre les mains de ceux qui devoient craindre l'agrandissement du pape, savoir, les Ursins et les Colonnes, avec leurs adhérens, et qu'ainsi il ne s'y pouvoit pas fier. Il falloit donc rompre ces obstacles, et déconcerter les états d'Italie, pour en pouvoir sûrement usurper une partie. Et cela lui fut aisé, à cause des

Vénitiens, qui, pour d'autres raisons, invitoient les Français à repasser en Italie; ce qu'il facilita lui-même, en cassant le premier mariage du roi Louis. Ce roi étant donc venu en Italie, à la prière des Vénitiens, et du consentement d'Alexandre VI, il fût à peine à Milan, que, pour sa réputation, il entra dans les desseins du pape, et lui donna du monde pour envahir la Romagne, dont le Valentinois s'empara en effet, malgré les Colonnes. Mais à la conserver, et à passer plus avant, il trouvoit deux obstacles, l'un de la part des Ursins, de qui il s'étoit servi, craignant qu'ils ne lui manquassent au besoin, et non seulement qu'ils ne l'empêchassent d'acquérir, mais encore qu'ils ne lui ôtassent ce qu'il avoit acquis; l'autre, de la part de la France, de qui il appréhendoit aussi d'être abandonné : car, quant aux Ursins, il avoit reconnu qu'après la prise de Fayence, ils s'étoient comportés mollement au siège de Bologne. Et comme, après s'être emparé du duché d'Urbin, le roi le fit désister de l'invasion de la Toscane, il jugea si bien des intentions de la France, qu'il résolut de ne plus dépendre de la fortune.

M 3

ni des armes d'autrui. Et la première chose qu'il fit, fut d'affoiblir les Ursins et les Colonnes, en attirant à son service ceux de leurs adhérens qui étoient gentilshommes, auxquels il donna de gros appointemens, des emplois et des gouvernemens, selon leur qualité ; de sorte qu'en peu de mois ils tournèrent vers lui toute l'affection qu'ils portoient au parti contraire. Après cela, ayant dispersé les Colonnes, il attendit l'occasion de perdre les Ursins, laquelle lui vint bien à point, et fut par lui heureusement ménagée. C'est que les Ursins s'étant apperçus trop tard, que la grandeur du duc et du pontificat faisoit leur ruine, ils tinrent une diète à *la Magione* dans le territoire de Pérouse. Cette diète produisit la révolte d'Urbin et les troubles de la Romagne, et exposa le duc à mille dangers, d'où il sortit heureusement avec l'aide des Français. Mais après qu'il eut rétabli ses affaires, bien loin de se fier, ni à eux, ni aux autres étrangers, à la discrétion de qui il ne vouloit plus être, il mit tout son esprit à les tromper ; ce qui lui réussit si bien auprès des Ursins, qu'ils se réconcilièrent avec

lui , par l'entremise du seigneur Paul , qu'il
gagna à force de présens , et furent assez
fous que de se mettre entre ses mains à
Sinigaille. Ayant donc exterminé ces chefs ,
et fait leurs adhérens ses amis , sa puissance avoit des fondemens d'autant meilleurs , qu'il tenoit toute la Romagne et le
duché d'Urbin , et que ces peuples se trouvoient bien de lui. Or , comme il mérite
d'être imité en ce point , j'en veux dire
quelque chose. Quand il eut pris la Romagne , considérant qu'elle avoit eu des
seigneurs avares , qui avoient plutôt dépouillé que policé leurs sujets , et que le
vol, les factions , les meurtres régnoient
dans la province , il jugea , que , pour la
pacifier et la rendre obéissante au bras
royal , il y falloit établir un bon gouvernement. Il choisit pour cela un *Remiro
d'Orco* , homme cruel et actif , à qui il
donna tout pouvoir. En peu de tems ce
gouverneur remit tout en bon état , et s'acquit une très-grande réputation. Mais depuis , le duc craignant qu'une autorité si
excessive ne devînt odieuse (*a*) , érigea ,

(*a*) *Nec unquam satis fida potentia , ubi nimia
est* dit Tacite, Hist. 2.).

M 4

au milieu de la province , une chambre
civile , où chaque ville avoit son avocat.
Et comme il voyoit que les rigueurs du
passé lui avoient attiré de la haine , il s'avisa,
un matin , de faire pourfendre *Remiro*, et
de faire exposer sur la place de Cesène les
pièces de son corps , plantées sur un pieu,
avec un couteau ensanglanté à côté, pour
montrer au peuple que les cruautés com-
mises ne venoient point de lui , mais du
naturel violent de son ministre (*a*) ; ce qui
en effet surprit et contenta tout ensemble
les esprits. Mais retournons à notre sujet.
Le duc se voyant très-puissant , et presque
à couvert de tous les dangers présens, pour
s'être armé à sa mode , et s'être défait de
la plupart de ceux qui lui pouvoient nuire
de près , n'avoit plus à craindre que du
côté de la France , sachant bien que ce
roi , qui s'étoit apperçu trop tard de sa faute,
ne souffriroit pas qu'il s'agrandît davantage.

______

(*a*) C'est l'ordinaire des princes, de sacrifier, tôt
ou tard, les instrumens de leur cruauté. *Scelerum
ministros*, dit Tacite de Tibère, *ut perverti ab aliis
nolebat : ita plerumquè satiatus , veteres et prægra-
ves adflixit* (Ann. 4.). *Levi post admissum scelus
gratiá, dein graviore odio* (Ann. 14.).

C'est pourquoi il commença de chercher de nouveaux amis, et de biaiser avec les Français, lorsqu'ils entrèrent dans le royaume de Naples pour chasser les Espagnols qui assiégeoient Caïète ; et la résolution qu'il avoit prise de s'assurer d'eux, lui eût bientôt réussi, si son père eût vécu encore quelque tems. Et telle fut sa conduite à l'égard des affaires présentes. Mais quant à celles de l'avenir, comme il avoit à craindre qu'un nouveau pape ne voulût lui ôter ce qu'Alexandre lui avoit donné, il tâcha d'y obvier par quatre moyens : 1°. en exterminant toute la race des seigneurs qu'il avoit dépouillés (a), pour ôter au pape toute occasion de les rétablir ; 2°. en se conciliant tous les gentilshommes Ro-

____

(a) Mucien, premier ministre de Vespasien, fit mourir le fils de Vitellius, pour étouffer, disoit-il, toutes les semences de guerre. *Mucianus Vitellii filium interfici jubet, mansuram discordiam obtendens, ni semina belli restinxisset* (Hist. 4.). Il y a du danger à laisser la vie à ceux que l'on a dépouillés. *Periculum ex misericordiâ...... Ubi Vespasianus imperium invaserit, non ipsi, non amicis ejus, non exercitibus securitatem, nisi exstincto æmulatu redituram* (Hist. 3.).

mains, pour pouvoir tenir le pape en bride
par leur moyen ; 3°. en se faisant le plus
de créatures qu'il pouvoit dans le sacré
collège ; 4°. en se rendant si grand seigneur, avant que le pape mourût, qu'il
pût de lui-même résister à un premier as-
saut. De ces quatre choses, il en avoit
exécuté trois avant la mort d'Alexandre, et
la quatrième étoit presque faite ; car des
seigneurs dépouillés, il lui en échappa très-
peu ; toute la noblesse Romaine étoit dans
ses intérêts, et la plupart des cardinaux
dans sa dépendance. Quant à l'accroissement de son état, il pensoit à se rendre
maître de la Toscane, où il possédoit déjà
Pérouse et Piombin, outre Pise qui s'étoit
mise sous sa protection, et qu'il ne tenoit
plus qu'à lui d'envahir, comme n'ayant plus
à ménager les Français chassés du royaume de Naples par les Espagnols, et d'ailleurs les uns et les autres ayant besoin de
son amitié. Après quoi Luques et Sienne
faisoient joug, soit en haine des Florentins, ou par crainte. Et les Florentins n'y
pouvoient remédier. Et si cela eût réussi,
comme il fût arrivé sans doute l'année
même qu'Alexandre mourut, il devenoit si

puissant et si accrédité , qu'il eût pu se soutenir lui-même , sans dépendre nullement d'autrui. Mais cinq ans après qu'il avoit commencé de tirer l'épée, Alexandre le laissa malade à mourir , environné des armées de deux grands rois ennemis , et n'ayant point d'autre état effectif que la Romagne , et tout le reste en l'air. Or il étoit si brave , et si habile à connoître quand il falloit gagner ou ruiner les hommes , et les fondemens qu'il avoit jetés en si peu de tems , étoient si bons , que, s'il eût été en santé , ou qu'il n'eût pas eu deux puissantes armées à dos , il eût surmonté toutes les difficultés. Et ce qui montre que ses fondemens étoient bons , c'est que la Romagne l'attendit plus d'un mois, et que , bien que les Baglioni , les Vitelli et les Ursins fussent venus à Rome , ils n'y purent rien faire contre lui , tout moribond qu'il étoit. Et s'il ne put pas faire élire pape celui qu'il vouloit , du moins il fit exclure ceux qu'il ne vouloit pas. Mais tout lui étoit aisé , s'il n'eût pas été malade quand Alexandre mourut. Et dans le tems que Jules II fut élu , il me dit qu'il avoit pensé à tout ce qui pouvoit arriver

après la mort d'Alexandre , et mis reméde
à tout , mais qu'il n'avoit pas deviné qu'il
dût être en danger de mort au tems même
que mourroit son père. Tout cela bien considéré , je ne sais que reprendre dans la
conduite du duc. Au contraire , il me semble le devoir proposer à imiter à tous ceux
qui sont montés au tróne par la fortune,
et par les armes d'autrui , d'autant qu'ayant
un grand courage et de grands desseins ,
il ne se pouvoit pas gouverner autrement;
car ses projets n'ont échoué que par sa
maladie , et par la brièveté du pontificat
d'Alexandre. C'est pour juoi le nouveau
prince qui veut s'assurer de ses ennemis,
se faire des amis , vaincre par la force
ou par la ruse , être aimé et craint des
peuples , respecté et obéi des soldats , se
défaire de ceux qui peuvent ou qui doivent
lui nuire , introduire de nouveaux usages,
être grave et sévère , magnanime et libéral,
détruire une milice infidèle , et en faire
une à sa mode , entretenir l'amitié et l'estime des princes , afin qu'ils lui fassent du
bien , on du moins qu'ils craignent de lui
faire du mal ; celui-là , dis-je , ne sçauroit
trouver des exemples plus récens , que les

actions du Valentinois. Tout ce qu'on lui peut reprocher, est le mauvais choix qu'il fit en la personne de Jules II; car s'il ne pouvoit pas faire un pape à sa mode, il étoit maître de l'exclusion de tous ceux qu'il ne vouloit point. Or il ne devoit jamais consentir à l'exaltation des cardinaux qu'il avoit offensés, ou qui, devenant papes, avoient lieu de le craindre; car les hommes nous offensent, ou par crainte (a), ou par haine. Il avoit offensé les cardinaux, Saint Pierre-aux-liens (b), Colonne, Saint George, et Ascagne. Tous les autres, excepté le cardinal de Rouen, et les sujets Espagnols qui étoient liés d'intérêt ou de

---

(a) Néron déposa quatre tribuns, seulement parce qu'il les craignoit. *Exuti tribunatu, quasi principem non quidem edissent, sed tamen extimerentur* (Ann. 15.). Il fit mourir Ostorius, parce qu'il avoit peur de sa force de corps et de sa réputation. *Caussa festinandi (cædem) ex eo oriebatur, quod Ostorius, ingenti corporis robore, armorumque scientiá, metum Neroni fecerat, ne invaderet pavidum semper* Ann. 16.). Car *satis clarus est apud timentem, quisquis timetur* (Hist. 2.).

(b) *Alexandro pontifice, qui cum veteres et privatas simultates habebat, perpetuis decem annis urbe abfuit* (Onuphr. in Vitâ Julii II.).

parenté avec lui, venant à être papes, le devoient appréhender. Ainsi la prudence vouloit qu'il essayât premièrement de faire élire un Espagnol, et, ne le pouvant pas, qu'il acceptât le cardinal de Rouen, et non Saint Pierre-aux-liens, qui fut cause de sa ruine. Tant se trompent ceux qui croient que les bienfaits nouveaux font oublier aux grands les anciennes offenses (a) !

(a) *Quarum apud præpotentes in longum memoria est* (Tac. Ann. 5.). Joint que les bienfaits ne pénètrent jamais si avant que les injures, parce que la reconnoissance se fait à nos dépens, et la vengeance aux dépens de ceux que nous haïssons, *Tantò procliviùs est injuria, quàm beneficio vicem exsolvere, quia gratia oneri, ultio in quæstu habetur* (Hist. 4.).

CHAPITRE VIII.

De ceux qui sont devenus princes par des crimes.

COMME un particulier peut encore devenir prince en deux manières, sans que cela se puisse attribuer entièrement à la fortune ni à la valeur, il me semble à propos d'en traiter. L'une est, quand on monte au trône par quelque scélératesse; l'autre, quand un citoyen particulier devient prince de sa patrie par la faveur de ses concitoyens. Quant à la première, sans entrer autrement dans le mérite de la cause, j'alléguerai deux exemples, l'un ancien, et l'autre moderne, qui, à mon avis, suffiront à ceux qui auroient besoin de les imiter. Agatoclès, Sicilien, de fils d'un misérable potier de terre, devint roi de Siracuse. Il fut scélérat dans tous les divers états de sa fortune, mais toujours homme de cœur et d'esprit. Etant parvenu par les degrés de la milice à la dignité de préteur de Siracuse, il forma le dessein de s'en rendre prince, et de tenir indépendamment d'autrui çe qu'on lui avoit accordé de plein gré. Après en avoir conféré avec Hamilcar, qui commandoit l'armée des Carthaginois en Sicile, un matin, il assembla le peuple et le sénat de Syracuse, comme pour délibérer des affaires publiques, et donnant un signal à ses soldats, il fit tuer tous les sénateurs et les plus riches citoyens, puis s'empara sans peine de la principauté de la ville. Et quoique les Carthaginois l'eussent défait deux fois, et puis l'eussent assiégé, non-seulement il put défendre sa ville, mais y ayant laissé une partie de ses gens pour la garder, il assaillit l'Afrique avec l'autre, et en peu de tems fit lever le siège de Syracuse, et mit les Carthaginois si bas, qu'ils furent contraints de s'accorder avec lui, en lui laissant la Sicile. Quiconque considérera tout cela, n'y verra rien, ou du moins peu de chose qui se puisse attribuer à la fortune, attendu qu'il parvint à la principauté, non par la faveur d'autrui, mais par sa valeur militaire, et qu'il maintint depuis par des conseils également généreux et périlleux. Véritablement on ne peut pas dire que ce soit vertu de tuer

ses

ses citoyens, de trahir ses amis, d'être sans foi, sans religion, sans humanité : moyens qui peuvent bien faire acquérir un empire, mais non une vraie gloire. Mais si je considère l'intrépidité d'Agatoclès dans les dangers, et sa constance invincible dans les adversités, je ne vois pas qu'il doive être estimé inférieur à pas un des plus grands capitaines, quoique d'ailleurs il ne mérite pas de tenir rang parmi les grands hommes, vu ses cruautés horribles et mille autres crimes. On ne peut pas donc attribuer à la fortune, ni à la vertu, des choses qu'il a faites sans l'une et sans l'autre.

De notre tems, *Oliverotto da Fermo* étant demeuré orphelin dès son enfance, Jean *Fogliani*, son oncle maternel, l'éleva, puis le donna tout jeune à Paul Vitelli, pour apprendre le métier de la guerre. Paul étant mort depuis, il servit sous *Vitellozzo*, son frere ; et comme il étoit spirituel, adroit et alerte, il ne mit guère à devenir un des premiers hommes de guerre. Mais d'autant qu'il lui sembloit lâche de rester comme les autres, il résolut, avec l'appui des *Vitelli*, de se saisir

de *Fermo*, par le moyen de quelques citoyens qui aimoient mieux voir leur patrie
en servitude qu'en liberté. Il écrivit donc
à son oncle, qu'après avoir été plusieurs
années hors de la maison, il désiroit de
revoir sa patrie, et de reconnoître un peu
son patrimoine, ne s'étant encore mêlé
d'autre chose que d'acquérir de la réputation ; et que, pour montrer à ses com-
patriotes qu'il n'avoit pas perdu son tems,
il vouloit entrer avec pompe, accompa-
gné de cent de ses amis ou serviteurs, à
cheval. Qu'à cet effet, il le prioit de dis-
poser les habitans à le recevoir honora-
blement : honneur qui rejailliroit sur lui-
même, qui avoit pris soin de son éducation. L'oncle fit tout ce que l'autre désiroit. *Oliverotto* fut reçu en cérémonie
dans la ville, où il fut quelques jours à
concerter ce qui étoit nécessaire pour la
réussite de son méchant dessein. Il fit un
festin solemnel, où il invita *Fogliani* et
tous les premiers de la ville ; puis, à la
fin du repas, et des réjouissances ordinaires en ces rencontres, il ouvrit à dessein un entretien sérieux de la grandeur
du pape Alexandre, et des exploits de son

fils ; et quand il vit son oncle et les autres conviés entrer en raisonnement, il se leva en sursaut , disant qu'il falloit un lieu plus secret pour parler de telles affaires , et entra avec eux dans une chambre où étoient cachés des soldats , qui les égorgèrent tous dès qu'ils furent assis. Après quoi *Oliverotto* monta à cheval , et alla assiéger le palais du magistrat , qui fut enfin contraint de le reconnoître pour prince : dignité où il sut si bien se maintenir , soit en ôtant la vie à tous ceux qui , étant mécontens, lui pouvoient nuire , soit en faisant de nouvelles loix civiles et militaires, qu'il étoit non seulement en sûreté dans sa ville , mais même redoutable à tous ses voisins ; et qu'il eût été aussi difficile de le détrôner , qu'Agatoclès , si , au bout d'un an, il ne se fût pas laissé tromper par le Valentinois, qui le prit avec les Ursins à Sinigaille , où il fut étranglé avec *Vitellozzo* , son maître de guerre et de scélératesse. On pourroit s'étonner comment Agatoclès , et d'autres de même trempe , après mille trahisons et cruautés , ont vécu si long-tems dans leur patrie , sans voir jamais aucune conspiration

N 2

contre eux, et ont pu se défendre des ennemis du dehors, attendu que plusieurs autres, à cause de leur cruauté, n'ont pu conserver leur état, même en temps de paix, bien loin de tenir bon en tems de guerre. Je crois que cela vient du bon ou mauvais usage que l'on fait de la cruauté. On la peut appeler bien employée, s'il est jamais permis de dire qu'un mal est un bien, quand elle ne se fait qu'une fois, et encore par nécessité de se mettre en sûreté, et qu'elle tourne enfin au bien des sujets. Elle est mal exercée, quand on l'augmente dans la suite du tems, au lieu de la faire entièrement cesser. Ceux qui feront le premier usage, peuvent, avec l'aide de Dieu et des hommes, trouver quelque remède à leurs affaires, comme fit Agatoclès. Pour les autres, il est impossible qu'ils se maintiennent. D'où je conclus que l'usurpateur d'un état doit faire toutes ses cruautés à la fois, pour n'avoir pas à les recommencer tous les jours, et pouvoir rassurer et gagner les esprits par des bienfaits (*a*). Le prince qui

---

(*a*) Comme fit Auguste, qui, *posito triumviri nomine, militem donis, populum annoná, cunctos*

fait autrement, par timidité, ou par mauvais conseil, est forcé de tenir toujours le couteau en main, et ne sçauroit jamais se fier à ses sujets, d'autant que les offenses continuelles qu'il leur fait, les empêchent de se fier à lui. Ainsi le mal se doit faire tout à la fois, afin que ceux à qui on le fait, n'aient pas le tems de le savourer. Au contraire, les bienfaits se doivent faire peu à peu, afin qu'on les savoure mieux. Enfin le prince doit vivre de telle sorte avec ses sujets, que nul accident, bon ou mauvais, ne le puisse faire varier. Car, quand la nécessité te presse, tu n'es plus à tems de te venger, et le bien que tu fais ne te sert de rien, parce que l'on ne t'en sait point de gré, persuadé que l'on est que tu y es forcé (a).

---

dulcedine otii pellexit (Ann. 1.), et, *quæ triumviratu gesserat, abolevit* (Ann. 3.).

(a) C'est pour cela qu'Oton disoit à son neveu, que Vitellius ne seroit pas assez méchant pour ôter la vie ni les biens au neveu d'un empereur qui lui avoit conservé toute sa famille, et qui lui quittoit l'empire, quoiqu'il le pût garder long-tems, et que toute son armée brulât d'envie de donner bataille à celle de Vitellius. *An Vitellium tam immitis animi*

N 3

fore, ut pro incolumi totâ domo, ne hanc quidem sibi gratiam redderet? Non enim ultimâ desperatione, sed poscente prælium exercitû, remisisse reip. novissimum casum. Après avoir dit aux soldats : *Quantò plus spei ostenditis, si vivere placeret, tantò pulchrior mors erit.* Plus vous montrez de zèle à me servir et à mourir tous pour moi, et plus il m'est glorieux de mourir. Pour ne pas exposer tant de braves gens à de nouveaux dangers (Hist. 1.).

Réflexions du Traducteur.

JE ne doute pas que les partisans du pouvoir absolu ne me demandent ce qu'ont
de commun les préceptes de Machiavel,
qui ne sont, disent-ils, que des conseils
et non une manière de goûverner, dont les
princes ne puissent s'écarter aussi souvent
que les circonstances, le besoin des peuples, la bonté *naturelle* aux rois, et enfin
le bonheur des tems, les y invitent. Qu'il
me soit permis de leur demander si le conseil privé de la cour de S. James, sous
le règne actuel (Pardonne à ma franchise, George III ; j'avoue que parmi tous
les rois de l'Europe, il n'en est pas un
qui soit, plus que toi, bon mari, bon père,
bon frère, bon ami, et, ce qui est tout
enfin, un roi adoré de ton peuple.), a dévié
de cette politique. Oui, sous George III,
il ne me sera pas fort difficile de prouver
que la guerre de l'Amérique n'a été qu'une
application des maximes de Machiavel ;
et quoique les ministres aient été trompés
dans leur attente, il n'en est pas moins
évident que, si, sous le règne de George III,

N 4

les ministres n'ont pas hésité à se livrer
aux maximes de la politique de Machiavel;
si , sous Louis XVI , on les a suivies avec
une adresse admirable ; si le rassemble-
ment de trente mille hommes auprès de
Paris , n'a été qu'une application en grand
de tout le système du Florentin (Je remar-
querai ici , combien ces hommes qui infestoient la cour de Versailles , ont prouvé
leur ineptie , et combien ils montrèrent de
bassesse , et que leur cœur est tout-à-fait
corrompu ; en établissant leur problème
d'après les conseils du Florentin , ils
s'étoient dit : Si telle circonstance chez
un peuple dont la force connue est de tant ,
et dont la résistance sera de .... combien
pour une nation dont la population est de
25 millions d'ames , dont les esprits sont à
l'apogée des lumières , dont la résistance
sera de ?... Et le quotient avoit été ce que
tout le monde sait , une armée , etc. etc.
J'observe d'abord , que ni la hauteur ni
l'excellence des sentimens du roi n'étoient
entrées pour rien dans leur manière de poser la question. Or on ne me contestera pas
que , si , dans son application , la politique de Machiavel veut que toutes choses

soient examinées une à une et dans le plus grand détail , le caractère de bonté du roi, parfaitement connu , a évidemment échappé à la perspicacité et à la sagesse de ceux qui le conseilloient. J'observerai enfin , et cette observation mérite toute notre attention , que ces disciples du Florentin avoient tellement compté pour rien la bonté et toutes les qualités qui transmettront la mémoire du roi à la postérité la plus reculée ; ils s'étoient si fort persuadés que Louis XVI continueroit à se laisser gouverner par eux, et que son caractère devoit être absolument nul dans la solution de leur problème , qu'ils comptoient aveuglément sur sa fuite , pour le ramener à la tête de l'armée : ainsi chacune de leurs démarches vient encore ajouter à la force de mes raisons. Mais Dieu , qui n'a pas permis que la France éprouvât , sous un nouveau Titus , tous les maux que ceux-ci avoient médités , n'a pas daigné éclairer ces aigles de la politique du Florentin, qui ne virent par-tout que ce qu'ils nommoient avec un si profond mépris, *le peuple*. Ils ne surent pas appercevoir cette puissance toujours irrésistible (LA NATION

Française), quand elle agit avec union, toujours si grande et pleine de majesté, dont la sagesse émane essentiellement de la Divinité) : il résulte naturellement, et l'histoire dépose de cette vérité, que, dans les États libres, et seulement dans ces états, la politique de Machiavel, tout ce qui en approche d'une manière quelconque , ne peut être mis en usage par les chefs de l'administration ; et que , dès l'instant qu'il y a lieu de craindre le moindre progrès de cette politique, de ce moment, dis-je, le peuple n'a qu'un seul parti à prendre, *courir aux armes*. Peuples, si vous éprouvez jamais le besoin de vous défendre contre des chefs ambitieux , et dont la conduite vous feroit appréhender que le gouvernement dégénérât en tyrannie , courez aux armes ; ne les quittez plus ; que par-tout la tyrannie rencontre des citoyens , des boucliers , des armes , et encore une fois des citoyens !

» La politique, dit Mably , doit être le ministre et le coopérateur de la Providence parmi les hommes ; et rien n'est plus méprisable que cet art illusoire , qui en emprunte le nom , qui n'a de règles que les préjugés

publics et les passions de la multitude,
qui n'emploie que la ruse, l'injustice et
la force, et qui, se flattant de réussir par
des voies contraires à l'ordre éternel des
choses, voit s'évanouir entre ses mains le
bonheur qu'elle croyoit posséder.

» La terre entière, dit encore ce grand
homme, n'offre qu'un vaste tableau des
erreurs de la politique ; elle s'égare presque
toujours à la suite d'une fausse gloire :
combien de préjugés, combien de vices
même ne rend-elle pas respectables ! On
n'a point compris combien ce sentiment
est délicat, jaloux de ses droits, et combien
il exige de ménagemens. La menace le
choque, et la crainte l'éteint dans tous les
cœurs. Voulez-vous rendre l'amour de la
gloire plus vif et plus général ? que la
honte vous suffise pour punir les coupables. Ce n'est qu'une morale outrée, et
conduite par une haine aveugle contre les
vices, qui les confond tous ; en voulant
faire aimer la vertu, elle détruit le sentiment d'humanité qui en est la base. Ne
menacez de la mort que ces ames serviles
qui ne sont coupables que de crimes qui
ne demandent aucun courage, ou ces

hommes dont l'atrocité ne suppose aucun retour à la vertu.

Ce sont, dit-il encore, les passions de l'ame, dont la politique peut se servir, parce qu'elles naissent avec nous, ne meurent qu'avec nous, ne se lassent point, et qu'on peut, en quelque sorte, leur donner la teinture de la vertu : telles sont l'envie, la jalousie, l'ambition, l'orgueil, la vanité. Ces passions sont hideuses par leur nature ; elles préparent l'ame à être injustes, et, abandonnées à elles-mêmes ; elles se portent aux excès les plus odieux : cependant elles deviennent quelquefois, entre les mains de la politique, émulation, amour de la gloire, prudence, fermeté, héroïsme ; mais pour voir opérer ces miracles, il faut que les citoyens ne soient pas entièrement corrompus par l'avarice, la paresse, la volupté et les autres vices qui avilissent l'ame. Craignez de hâter la ruine de la république, en vous servant de ces passions, si vous ne trouvez auparavant l'art de leur inspirer une sorte de pudeur, et de les associer à quelque vertu qui les tempère et les dirige.

» A quoi ne se portent point les hommes,

les grands entre autres (*a*), une fois détournés des voies de la justice? et quand, pour les punir, Dieu lâche la bride à leurs passions, ruse, force, complots, trahisons, guerre ouverte, infraction des traités, poison, massacres, incendies, ravages, rien ne les épouvante; tout, dans leurs crimes, porte le caractère de leur funeste grandeur ».

La sagesse d'un peuple libre, qui seule peut veiller à sa conservation, et qui seule peut rendre éternels les principes de son bonheur, en même tems qu'elle en garantit la source contre tous les vains projets de ceux qui tenteroient de l'altérer ou d'en interrompre le cours, ne peut être qu'une sagesse pleine de vérité, de franchise et de loyauté. Et « non cette sagesse (*b*) profane, oblique, artificieuse, qui, sous le nom de *politique*, se joue des hommes et des loix; qui, toujours environnée de nuages, brouille, cabale, manœuvre dans les cours, noue dans l'ombre le fil de ses projets, et n'arrive à ses fins que par des crimes cachés : science d'intrigue, de dis-

____

(*a*) *Panégyrique de St. Louis, roi de France; par le* P. MANDAR, *prêtre de l'Oratoire.*

(*b*) *Ibid.*

simulation profonde, d'injustices réfléchies,
qui met sur la même ligne les forfaits et
les vertus, et ne les différencie que par
les degrés d'utilité qu'elle en tire : art
funeste aux peuples et aux états, qui,
sous un calme apparent, les conduit à
leur ruine, forge en silence leurs fers, et
ne les éveille au bruit de la terreur, que
pour leur faire sentir qu'ils ne sont plus
libres ».

« O vous, qui dirigez la marche des empires, et faites ici-bas le destin des nations,
rois, ministres, négociateurs si vantés, le
Seigneur nous l'a dit : *Vous êtes les dieux
de la terre* ! mais si le voile qui couvre
vos mystères politiques, venant tout-à-
coup à tomber, laissoit voir au grand jour
les vrais mobiles de votre puissance, combien trop souvent n'auriez vous pas à rou-
gir de ces mêmes succès dont l'éclat nous
étonne » ?

Et s'il m'étoit permis d'ajouter quelque
chose à cette image sublime de la seule
politique qui convienne aux nations libres,
je demanderois aux partisans de la monarchie absolue, s'ils oseroient s'avouer à eux-
mêmes que la politique des cours, si dif-

férente de celle dont je viens de présenter
ici le tableau ; si cette politique, toute
fondée sur le mensonge, sur la perfidie,
sur la foiblesse, et dont le succès dépend
entièrement de la rencontre fortuite de plusieurs crimes médités dans le silence, avec
la certitude probable d'en éluder les conséquences ; dans cette audace qui sait
en imposer aux remords, et qui les brave
témérairement, à force de crimes ; qui,
pour les étouffer, voudroit pouvoir anéantir jusques aux vestiges des pas du tyran :
je demanderois, dis-je, aux disciples de
Machiavel, si, dans la constitution d'un *état
libre*, sagement pondérée dans toutes ses
parties, dont la force est à la fois excen-
trique et réfrangible comme les rayons du
soleil, et dont tous les membres concou-
rent avec une ardeur égale à augmenter
la puissance et la splendeur, on souffrit
jamais qu'aucun des chefs de la république se servit d'un seul des moyens tranquillement féroces, dont Machiavel nous
a transmis avec éloge l'épouvantable histoire ?

Ainsi, et la sage politique qui convient
à un état libre, et la résistance que ce mode

de gouvernement oppose, par sa nature,
à tous les projets conçus par les agens ou
par les partisans de la tyrannie, et l'austère
équité qui fait la force de chacun des
membres du gouvernement, et la mutation
certaine et annuelle de chacun des chefs
de l'administration, et le besoin où sont
ces chefs de n'établir leur autorité que sur
les seules bases des loix consenties par le
peuple; tout, en un mot, dépose contre
les despotes, quels qu'ils soient, en faveur
de la préférence que nous devons à l'excellence d'un gouvernement dont le citoyen, par son courage, par sa sagesse et
son ardent patriotisme, soutient la majesté, la splendeur, en même-tems qu'il
en assure la durée par son inviolable attachement aux loix, par ses vertus civiques;
et enfin, parce que sa félicité est inséparable de la gloire et de la prospérité de la
république.

Fin du premier Volume.